Hannalore Gewalt

Thüringer Feldraingeschichten

W0172725

In Kleinfahnern beim Falläpfel
auflesen. Otilie Koch mit jungem
Gehilfen während des Krieges.
Foto: Inge Kolbe, Kleinfahner

Verlag Rockstuhl

Hannalore Gewalt – Gesamtausgabe in drei Bänden
Band 1 – Ländliches Thüringen
Band 2 – Thüringer Feldraingeschichten
Band 3 – Thüringen - All meine Gedanken

Herausgeber: Harald Rockstuhl, 2007 / 2009 / 2010

Umschlaggestaltung: Harald Rockstuhl

Titelbild: Kartoffelernte. Foto von Roland Galster;
Sammlung: Erna Ritter – beide aus Dachwig
Buchrückseite: Klara Trübenbach zwischen Tüngeda und Wangenheim
im Jahr 1988. Foto: Hans-P. Ernst

Satz und Repro: Verlag Rockstuhl, Bad Langensalza
Druck: Druckhaus „Thomas Müntzer" Bad Langensalza

Gedruckt auf alterungsbeständigem Papier nach ISO 9706

Dieses Buch wurde in die Deutsche Nationalbibliografie in der
Deutschen Bibliothek aufgenommen. **http://d-nb.de**

Das Buch entstand in Anlehnung an *„Hannalore Gewalt: Feldraingeschichten"*
Verlagshaus Thüringen – Erfurt 1996. Der Text wurde gänzlich überarbeitet
und mit neuen Bildern und Geschichten versehen.

1. Auflage 2007 / 2. bearbeitete Auflage 2009
3. Auflage 2010

© 2007/2010 by Harald Rockstuhl, Bad Langensalza

ISBN 978-3-938997-59-8

Verlag Rockstuhl
Lange Brüdergasse 12 in D-99947 Bad Langensalza
Telefon: 03603 / 81 22 46   Telefax: 03603 / 81 22 47

www.verlag-rockstuhl.de

Inhaltsverzeichnis

Klara Trübenbach zwischen Tüngeda
und Wangenheim im Jahr 1988.
Foto: Hans-P. Ernst

Der Feldrain

Wo liegt der Acker meiner Väter?
Wo ist das einst ererbte Land?
Wo blieb der Feldrain mit den Blumen
und wo der Weg, den ich nicht fand?

Wo steht der alte Apfelbaum?
Er gab uns Schatten bei der Rast.
Auch ist die Quelle lang versiegt,
an der du dich gelabet hast.

Die einst vom Schweiß getränkte Scholle
verschmolz zu einer großen Flur,
anonym ist sie geworden,
und eine Nummer blieb ihr nur!

*(In Erinnerung an ein Feld am Schleifweg in der
Molschleber heimatlichen Flur und diversen Feldrainen)*

5

Die Lebensleiter

Hundert Sprossen kann sie haben und noch mehr.
Und jede Sprosse zählt darin ein Jahr.
Auf ihr ganz hinauf zu steigen, fällt oft schwer,
– dabei die letzten Sprossen ganz und gar.
Die Leiter lehnt am großen Lebensbaum.
Aus festem Holz und starken Holmen soll sie sein.
Ein langes Leben ist ein schöner Traum,
für viele Menschen ist die Leiter oft zu klein.
Für jeden von uns sind die Sprossen abgezählt,
– im Voraus ist es sicher so bestimmt.
Hast du dich dann das letzte Stück hinaufgequält,
hoffst du, dass man dich lieb umfangen nimmt …
Ersteig' die Leiter langsam und bedächtig!
Genieße jeden schönen Aufenthalt!
Das Eilen, Jagen, Drängen, gar zu heftig,
hat sich im Leben niemals ausgezahlt.
Ein kleines Kind steht unten auf den Sprossen,
greift nach den Ästen an des Lebens Baum.
Hat es die kindlich' Freuden all' genossen,
erfüllte sich manch' schöner Kindheitstraum.
Es steigt hinauf, ganz unbefangen,
zählt keine Sprosse und kein Jahr.
Im Spiele ist die Zeit vergangen,
die einmal seine Kindheit war.
Entwachsen sind die Kinderschuh:
Auf der Leiter steht ein Mann.
Nun schlägt das Schicksal öfter zu,
Amor schießt auch dann und wann.
Er pflückt vom Baum zwei gold'ne Ringe,
schnitzt tiefe Kerben in die Holme ein,
das Glück und all' die schönen Dinge
soll'n dauerhaft und herzlich spürbar sein.
Nun muss die Leiter doppelt tragen,
und sie trägt leicht an dieser schönen Zeit.
Sie kennt sich aus seit Jahr' und Tagen
mit all' der Liebe und Glückseligkeit.
So geh'n die Jahre viel zu schnell dahin,
es wechseln Freud', Leid, Sonnenschein und Regen.
Schon überdenkst du deines Lebens Sinn,
an Ruhe ist dir mehr und mehr gelegen …
Nach oben wird die Leiter immer schwächer,
vom Baum des Lebens fällt das welke Laub.
Dein Blick schweift müde über Baum und Dächer,
der Wind bläst kalt, und Regen löscht den Staub.
Gebeugt schaust du zur Leiter dann hinab,
und wirst an all' die schönen Jahre denken,
und wenn dir auch viel Schweres auferlag,
durftest die Welt mit Liebe reich beschenken.

Tonschöße in die Löcher bringen,
Räuber, Gendarm und Völkerball,
Hüpfkästchen auf dem Gehweg springen,
haschen und fangen, ... es war einmal!

Viel härter noch als mancher Bengel,
hab' ich so vieles weggesteckt.
Schon sauere Rhabarberstengel
haben Neugier in mir geweckt.

Die Strümpfe waren meist zerrissen,
Gnade hab' ich umsonst erhofft.
Die Knie waren aufgeschmissen,
und Ärger gab es mehr als oft.

Wir konnten viele Lieder singen,
wir kannten Text und Melodie.
Sonntags, wenn wir spazieren gingen,
war'n wir zufrieden wie noch nie.

Reifendrehen mit einem Stock,
wo Jungen um die Wette rannten,
ein Handwagen mit Ziegenbock,
zu dem sich Mädchen nicht bekannten.

Für derbe Jungen Geländespiele,
auch klettern auf den höchsten Baum.
Die Preise für erreichte Ziele,
sie glichen einem Kindertraum.

Kleider, wie aus dem Schlamm gezogen
vom Wassermühlenbau am Bach.
Am Abend dann gab's ungelogen
wie immer deshalb großen Krach.

Wir spielten gern, wenn man uns ließ,
Arbeit gab's schon in jungen Jahren.
Das Dorf war unser Paradies,
wir wussten nicht, wie reich wir waren.

Denk' ich heut' an meine Kindheit,
fange ich oft zu weinen an,
sie war für mich die schönste Zeit,
die ich niemals vergessen kann.

9

Norwegische Pralinen

Unser Vater war im Krieg, seine Feldpost trug einen norwegischen Absendeort. Dort tat er Dienst als Stallbursche bei den Pferden eines Oberst. Sicher war Norwegen nicht der schlechteste Ort, den Krieg heil zu über leben.

Ab und zu brachte der Postbote ein kleines Päckchen mit besagtem norwegischen Absender zu uns. Mein Bruder Hans freute sich darüber immer ganz besonders, denn meist schickte uns der Vater irgendeine Sorte Fisch. Mutter hatte angeblich noch nie in ihrem Leben Fisch gegessen und wollte ihre Abneigung nun auch nicht unserem Vater zuliebe ablegen. Auch mich konnte sie nicht für ein Fischessen begeistern, ich war schon als kleines Kind sehr geruchsempfindlich, und überhaupt hatte ich an fast allem Essen etwas herumzumäkeln. So war der Fisch für meinen Bruder stets ein Festessen, denn alles gehörte ihm ganz allein.

Eines Tages bekamen wir ein Päckchen, das eine feste Dose, gefüllt mit den köstlichsten Pralinen, zum Inhalt hatte. Mutter gab meinem Bruder und mir eine Kostprobe davon. So etwas Schönes hatte ich noch nie gesehen, geschweige denn einen so herrlichen Geschmack im Munde gehabt. Ganz langsam lutschte ich die Schokolade, und noch eine ganze Zeit, nachdem alles längst verschluckt war, konnte ich diesen einmaligen Genuss spüren. Am liebsten hätte ich gleich alle Pralinen aufgegessen, aber da waren ja noch mein Bruder und meine Mutter. Damit wir noch recht lange etwas von diesen Köstlichkeiten haben sollten, dachte sich meine Mutter ein besonderes Versteck für die Pralinendose aus.

Zur damaligen Kriegszeit musste eine Anordnung befolgt werden, nach welcher alle Fenster wegen der befürchteten Bombardierungen mit einem schwarzen Rollo versehen sein mußten. In unserem Flur gab es zwei kleine Fenster, die ziemlich weit oben angelegt waren. Aus Bequemlichkeit wurde frühmorgens auch nur eines der beiden Rollos wieder hochgezogen. Niemand dachte sich etwas dabei, und niemand wäre so schnell auf das Versteck der Pralinen gekommen, hätte nicht mein Bruder Hans vom Schulfenster aus die bewußte Dose entdeckt. Hans kam durch die Tür geschossen, schmiss den Ranzen in die Ecke, zerrte einen Küchenstuhl herbei und stieg darauf. Als er das kleine Rollo zur Seite drückte, glaubte ich meinen Augen nicht zu trauen. Im Fenster hatte Mutter also die Süßigkeiten versteckt. Hans griff die Dose, setzte sich auf den Stuhl und stopfte eine Praline nach der anderen in den Mund. Er kaute sie wie Kartoffeln, starrte dabei vor sich hin und schien gar nicht bei der Sache. Nicht, dass ihn mein Betteln beeindruckt hätte, ich schien ihm völlig einerlei zu sein. Ich würde sowieso alles petzen, und so etwas würde er nicht noch belohnen, das war alles, was er für mich übrig hatte.

Für mich ging mit jeder weiteren Praline, die er verschlang, ein Traum zu Ende, denn ich konnte mir an allen fünf Fingern abzählen, dass es nicht so schnell wieder ein Päckchen mit solchen Köstlichkeiten geben würde.

Ich war wesentlich jünger als mein Bruder, aber mir fiel bei etwas Verbotenem immer sofort unsere Mutter ein. Allzu oft mußte ich schon Zeuge der körperlichen Züchtigungen sein, die Hans auszustehen hatte. Ich war noch zu klein für Schläge, auch zu klein, um mich an den Dummheiten meines Bruders zu beteiligen. Dennoch litt ich sehr unter den harten Strafen. Ein Petzen war gar nicht nötig geworden, am Abend wollte uns unsere Mutter wieder eine Praline zuteilen, sie kam aber stattdessen mit der leeren Dose in die Küche. Sie bekam ihren befürchteten Wutanfall, aber mein Bruder sah seiner Bestrafung äußerlich sehr gelassen und ruhig entgegen. Da war mein Mitleid schon wieder auf seiner Seite, instinktiv fand ich die Handlungsweise unserer Mutter nicht so gut. Ganz sicher hätte ich lieber gehabt, Hans hätte die Pralinen brüderlich mit mir geteilt, aber so harte Strafen waren sicher auch nicht nötig. Die Mütter waren in der damaligen schweren Zeit oft überfordert und reagierten so, wie ihre Eltern vor ihnen gehandelt hatten.

Wenn ich heute zurückdenke, dann weiß ich aus schmerzlichen eigenen Erfahrungen, dass Schläge nicht erziehen, sie stumpfen ab und machen uns stur.

Zum Glück gibt es dieses unnormale Verlangen nach Süßigkeiten heute nicht mehr, aber dafür besteht die Gefahr, ins andere Extrem zu verfallen. Wenn ich durch die prall gefüllten Süßwarenregale gehe, denke ich oft an die norwegischen Pralinen. Auch daran, ob die Kinder, die ohne Krieg, Not und Armut aufwachsen, den Wert des Genusses voll erfassen können? Erst wenn der Mensch etwas verliert, lernt er den Wert des Verlorenen wirklich schätzen. Mein Bruder war sich damals bewusst, welche Konsequenz seinem Verhalten nachfolgte, aber der Genuss war ihm diese Tracht Prügel wert. Erinnerungen, die Kinder der heutigen Zeit nicht mehr so recht nachvollziehen können, und es ist gut so!

Der bunte Stoffkasper

Wenn es mir samstags gar zu langweilig wurde, ging ich ins Oberdorf zu Tante Rosa. Sie war eigentlich nicht meine richtige Tante, aber sie war so gut zu mir, dass ich den Unterschied nicht bemerkte. Sie arbeitete mit meinem Bruder bei demselben Bauern, daher kam wohl diese Bekanntschaft. Zwei Zimmer bewohnte Tante Rosa zusammen mit ihrem Mann in einem ehemaligen Bauernhaus. Stuben- und Küchenmöbel befanden sich in ein und demselben Raum.

Dort standen ein Sekretär, der als Küchenschrank genutzt wurde, ein Herd, ein Tisch, Stühle und ein schwarzer Flügel. Der Flügel hatte es mir besonders angetan, ich konnte mich nicht erinnern, jemals ein ähnliches Instrument gesehen zu haben. Er war schwarz wie aus Ebenholz, und sein Glanz ersetzte glatt einen Spiegel. Aber mehr als das Kuckuckslied konnte mir Tante Rosa nicht beibringen. Mit einer Engelsgeduld ertrug sie jedoch meine ohrenbetäubende Klimperei.

Wenn ich heute ein Glas rote Johannisbeeren öffne, denke ich oft an die schönen Sonntage bei Tante Rosa. Johannisbeeren und dazu Eiweiß mit

Zwei alte Herren (August Stehling und Albin Degenhard) erzählen sich im April 1913 auf dem Kleinfahnerschen Kirchberg die neusten Feldraingeschichten.

Landpartie im Krieg um 1944. Foto: H. Barth, Döllstädt

viel Zucker geschlagen, als Ersatz für Schlagsahne, ich kannte keine richtige Tante, die so etwas für mich getan hätte.

In ihrem Kleiderschrank hingen einige seidene Kleider, die sie aus Amerika geschickt bekommen hatte. Manchmal durfte ich sie streicheln, diese Seide. Und einmal schenkte sie mir sogar ein Kleid davon. Mutter ließ es für mich umändern. Es gab wohl damals keine Schneiderin, die mit Seide so recht umzugehen wusste. Jedenfalls passte das Kleid hinten und vorne nicht, in Tante Rosas Schrank hatte es mir viel besser gefallen.
Im oberen Stockwerk des alten Bauernhauses wohnte noch eine kinderreiche Umsiedlerfamilie. Der Vater dieser sechs Kinder war aus dem Kriege nicht heimgekehrt. Wer diese Armseligkeit nicht mehr in seiner Erinnerung hat, kann sie sich heute nur sehr schwer vorstellen.

Ich sehe noch den Raum vor mir, der als Küche, Wohnstube, Schlaf- und Spielzimmer genutzt wurde. Der Ofen hing stets voller trocknender Wäschestücke. Zwei Betten standen rechts und links an den Wänden, und der Tisch in der Mitte des Zimmers war nicht groß genug, dass für alle ausreichend Platz gewesen wäre. Sehr gern spielte ich mit den Kindern dieser Familie.

Wenn die Mutter ihren Kindern Marmeladebrote schmierte, bekam ich wie ganz selbstverständlich eines davon ab.

Eine Herzlichkeit und eine Güte ging von dieser Frau aus, dass ich noch heute ihr stets lächelndes Gesicht vor mir sehe. Sie kam eines Tages aus der Stadt und hatte für ihren Peter, der etwa in meinem Alter war, einen bunten Stoffkasper mitgebracht. Auch mir gefiel das neue Spielzeug so sehr, dass ich es am liebsten nicht mehr hergegeben hätte. Ich war richtig vernarrt in das Pappgesicht und den bunten Clownanzug. Ich steckte ihn irgendwann einfach unter meinen Mantel und nahm ihn mit nach Hause. Der kleine Peter vermisste sein Lieblingsspielzeug bald, und wo es stecken konnte, war schnell klar geworden.
Das Ausgeschimpfe und der Stubenarrest waren nicht so schlimm, aber den Kasper zurückbringen und sich für einen Diebstahl entschuldigen, das übertraf alle vorherigen Strafen ungemein.

Heute sehe ich diesen langen Weg vom Unter- ins Oberdorf vergleichbar einem Gang nach Canossa. Ich schlich förmlich die Straße entlang, als wären alle Augen auf mich gerichtet, und mir kam es so vor, als würde der Weg nie ein Ende nehmen.

Wintervorrat vom Vater gehackt. Ines und Carolin Gewalt, Kleinfahner – Herbst 1967. Foto: H. Gewalt, Kleinfahner

14

H. Barth, Döllstädt um 1944.

Vater und Mutter um 1934. Sammlung: Erna Ritter, Dachwig

Einen vollständigen Satz der Entschuldigung bekam ich nicht heraus, obwohl mir alle Anwesenden eher unerwartet freundlich entgegenkamen. Sie schienen mir schnell verziehen zu haben, ich persönlich verzeih' es mir bis heute nicht.

Obwohl ich noch ein kleines Mädchen gewesen bin, saß die Scham darüber, einem so armen Kind das Lieblingsspielzeug genommen zu haben, sehr tief. Diese harte Strafe lehrte mich beizeiten, zwischen Mein und Dein zu unterscheiden.

Noch heute plagt mich das schlechte Gewissen, wenn ich jemandem aus der Umsiedlerfamilie begegne oder an einem ihrer jetzigen Wohnhäuser vorbei komme.

Es gäbe sicher weniger Diebe auf der Welt, wenn jedem einzelnen von ihnen der erste Fehltritt so einschneidend im Gedächtnis geblieben wäre.

Aus meiner Knopfkiste

Wenn uns der Winter gar zu sehr zusetzte, dass wir Kinder draußen wirklich nichts anzufangen wussten, dann holte ich mir Mutters Knopfkiste bei und spielte mit den Knöpfen. Unsere Mutter zählte zu den ganz einfachen Leuten, und entsprechend armselig war auch ihr Knopfkasten. Darin befanden sich vorwiegend Hosen-, Jacken- und Wäscheknöpfe. Mutter sah es nicht gern, wenn ich damit spielte. Sie sagte, ich würde die weißen Wäscheknöpfe bloß dreckig „mären". Wenn ich ihr aber versicherte, dass ich mir die Hände gewaschen hatte, ließ sie mich spielen.

Ich legte eine Wohnstube aus Hosenknöpfen. Das Mobilar bestand dann aus den wenigen „wertvolleren" Knöpfen, die wohl von den Tanzkleidern aus Mutters Jugendzeit stammten.

Die kleinen, glitzernden Knöpfchen wurden plötzlich zu Kronleuchtern, Diwanen, Vertikos oder Stubenbüfetts. Damals entstand wohl schon meine Liebe zu Knöpfen.

Als ich später heiratete, brauchte ich einen eigenen Knopfkasten, denn schnell ging mal ein Knopf verloren, der beim Ausbessern der Wäsche ersetzt werden musste. Bevor ich ein Kleidungsstück zu den Putzlappen warf, besah ich mir stets erst die Knöpfe daran. Ich schnitt sie ab und bewahrte sie in meiner Knopfkiste auf. Das kam mir auch gut zupass in den ersten Jahren nach unserer Heirat. Das Geld war sehr knapp, und es für ein „Mensch ärgere dich nicht" auszugeben, das wäre purer Luxus gewesen. Also schnitten wir uns für die langen Winterabende eine derbe Pappe als Spielunterlage zurecht. Auf die Rückseite wurde noch ein Mühlespiel aufgemalt, und die Langeweile hatte keine Chance. Aus der Knopfkiste holte ich verschiedenfarbige Knöpfe heraus, wobei ich mir stets die schöneren reservierte, mit denen ich aber das Spiel ebenso verlor wie gewann.

Mit der Zeit erfuhren viele Freunde von meiner Vorliebe für Knöpfe, und sie bereicherten meine Kiste mit dem einen oder anderen entbehrten, schönen Knopf.

Dabei erinnere ich mich an den ersten Einkauf unserer großen Tochter. Von ihrem selbst verdienten Geld hatte sie sich eine papageienbunte Hose gekauft, die absolut nicht unserem elterlichen Geschmack entsprach. Die Tochter argumentierte: „Mutti, guck, nur schon mal der Knopf allein...!" Sie hatte gewonnen, denn der große Knopf am Hosenbund bestach wirklich durch seine schlichte Schönheit.

In einer hölzernen Zigarrenkiste, in der anno dunnemals 100 Zigarillos, das Stück für fünf Reichspfennige lagen, bewahre ich nun ein paar Dutzend alte Knöpfe auf. Diese Knöpfe aus vergangener Zeit zählen zu meinen „Kostbarkeiten". Sicherlich würden sie mir auf einem Flohmarkt keinen nennenswerten Erlös einbringen, aber so meinte ich es auch nicht mit den „Kostbarkeiten". Diese Knöpfe haben für mich einen hohen ideellen Wert, schon deshalb, weil jeder Einzelne von ihnen seine eigene Geschichte hat und davon zu erzählen wüsste. Von ihrer individuellen Schönheit einmal ganz abgesehen.

Wenn ich sonnabends am offenen Fenster den angesammelten Staub aus meiner Knopfkiste puste, dann lasse ich die alten Knöpfe spielerisch durch meine Finger gleiten, und an einem beliebigen Knopf bleiben plötzlich meine Augen hängen, während sich meine Gedanken in seine Geschichte einzuschleichen versuchen. Es sind ganz verschiedene Geschichten, je nachdem, wie einfach und kostbar der Knopf gearbeitet ist. Geschichten von armen Leuten oder aus schweren Zeiten, erzählen mir z. B. die einfarbigen oder auch bemalten Holzknöpfe, die aus Glas, Keramik, Metall, Weißblech, Leinen und Zwirn. Allesamt hatten sie ihren Platz an Kleidungs- oder Wäschestücken.

Da fällt mir ein kleiner Wäscheknopf auf. Er ist mit Leinen bespannt, und die vielen Jahre seines Lebens hinterließen schon zerstörerische Spuren an ihm. Ganz sicher hatte er seinen Platz an einem Kindernachthemdchen als Nachfolger von Bändern, die zuvor als Verschluss dienten. Wie viel Tränen hat er wohl gesehen, und wie vielen bunten, glücklichen Kinderträumen war er ganz nahe? Die kleinen Kinderhändchen drehten vor dem Einschlafen sicher oft an dem Knopf herum, und so hatte der Knopf eine gute Zeit.

Oder dieser akkurat gearbeitete Zwirnsknopf, von geschickten Frauenhänden hergestellt. Ihn könnte ich mir an einem selbst gewebten, groben Leinenhemd vorstellen. Wie viel Schweiß floss wohl über diesen Knopf hinweg bei der schweren Feld- und Stallarbeit?

Aber er war auch mit seinem Besitzer in den Kneipen bei den lustigen Saufgelagen. Lag vielleicht danach manchmal in der Gosse. Er war auch mit im Bett der Herzallerliebsten, aber darüber wolle er lieber schweigen, sagte er mir. Heute sehe ich diese akkurat gearbeiteten Knöpfe mit der filigranen Zwirnspanntechnik in teuren Fachgeschäften an noch teureren Hirtenhemden. Aber diese neuen Knöpfe haben noch keine Geschichte. Sie werden für mich erst interessant, wenn sie alt sind und aus ihrem Leben erzählen können.

Ich halte einen größeren Wäscheknopf in der Hand, dessen Innenleben aus Weißblech gefertigt ist, das mit weißem Leinen überzogen wurde.

Von Liebesnächten, die er miterlebte, könnte er sicher ganz spannende Geschichten erzählen.

Von allerlei Welt- und Trennungsschmerz wüsste er wohl zu berichten. Vom weit verbreiteten Kindbettfieber, das zu seiner Zeit grassierte, und dem großen Leid, das es auslöste, weiß er zu sagen.

Er hörte auch von den vielen Sorgen der Menschen, Sorgen, die sie bis ins Schlafzimmer verfolgten und die nach Lösungen verlangten, ähnlich wie bei den Eltern von Hänsel und Gretel.

Neben dem Wäscheknopf liegt ein Militärknopf von einer einfachen Land-serjacke. Abgeblättert ist seine graue Farbe. Ob vom Auf und Nieder in schlammigen Schützengräben, vom Kugelhagel oder den unbeschreiblich schlimmen Erlebnissen?

Er könnte mir ganz sicher ein trauriges Lied singen. Aber auch von der Wiedersehensfreude, bei welcher er an die Brust der Daheimgebliebenen, Wartenden gedrückt wurde, könnte er erzählen. Es ist ein glücklicher Knopf, denn er ist wieder heimgekehrt, sonst läge er jetzt nicht in meiner Knopfkiste.

Ein einfacher brauner Holzknopf erinnert mich an meine eigenen Kindheit. Auf ihm sind mit farbigen Pünktchen kleine Streublümchen angedeutet. Er zierte meine Strickjacke aus weißer Schafwolle, die ich nur an Sonntagen tragen durfte. Aber dennoch hat der Holzknopf viele Streiche miterlebt.

Er weiß davon, dass es Ohrfeigen gab, wenn die Jacke vom Rumtoben dreckig geworden war. Und so bewahrt dieser Knopf so viele glückliche und traurige Momente meiner Kindheit in sich.

Ein großer Knopf aus weißem Horn mit glitzernden Einlagen zieht die Aufmerksamkeit auf sich. Er stammt aus reicherem Hause, das sieht man ihm sofort an. An einer Pelzpelerine war er sicherlich angenäht. Er könnte von den herrlichen Wintern schwärmen, in denen es Schnee ohne Ende gab; von Schlittenfahrten mit herausgeputzten Pferden und Schellengeläu-ten. Eventuell von großen Bällen und Gesellschaften, wo die Schönheit der Mittelpunkt war, aber er bloß ein schöner Knopf unter all dem Prunk.

Was sind dagegen die vielen Blusenknöpfe? In bunter Vielfalt bereichern sie meine Kiste. Sie hielten manches Geheimnis geschlossen oder lösten es im rechten Augenblick. Die Blusenknöpfe wurden wohl zu jeder Zeit von den Herren der Schöpfung anvisiert, ja nahezu verwünscht, denn ihnen oblag es, das so geliebte Dekolletee der Damenwelt preiszugeben.

Zu meinen kostbarsten zähle ich die Kupfer- und Messingknöpfe, es sind wahrliche Kunstwerke unter ihnen.

Zu einer wunderschönen Kugel gearbeitet, zu einem Edelweiß geformt oder durch Glaseinlagen veredelt, zierten auch sie die Garderobe der etwas betuchteren Besitzer.

Aber allesamt waren sie Zeugen von Zeiten, die eine jede für sich interessant genug wäre, davon zu erzählen.

Es ist ein brauner, ziemlich abgegriffener Lederknopf aus meiner Kiste gefallen. Wo mag er wohl seinen Platz gehabt haben?

An der derben Lederjacke eines Viehverkäufers? Oder aber an der eines Gutsbesitzers? Vielleicht hielt er auch eine der ersten Motorradjacken zusammen, sauste mit rasanten 50 Stundenkilometern durch die Lande?

War vielleicht Zeuge, als eine Braut auf dem ungefederten Sozius der alten Zündapp Platz nahm? Aber er weiß auch, dass zur damaligen Zeit die zarten Damenhände nicht den Fahrer samt Lederjacke und Knopf umschlangen, das verbot der Anstand.

Beim Kramen in meiner Kiste fällt mir ein einfacher Metallknopf in die Hand. Ich schnitt ihn einst vom Hosenschlitz einer uralten Unterhose ab.

Ja, wenn er mir noch seine Geschichte erzählen würde, das könnte sehr amüsant werden, denn die Bauersleute behielten früher die Unterhose als Teil der Nachtwäsche einfach an. So könnte mir der Metallknopf von der Tagesarbeit einfacher Landleute berichten, aber ebenso von verschwiegenen Bettgeschichten.

Ich höre ihn sagen, dass er als Knopf einer Herrenunterhose wohl die größte Verantwortung zu tragen hatte, die jemals einem Knopf zukam.

Mehr Geheimnisvolles will er nicht preisgeben aus seinem umfangreichen Wissen und aus seinen Erfahrungen, die ja letztendlich Leben bedeuteten.

So denke ich mir meinen Teil dazu und lege den Metallknopf zu seinen Freunden zurück.

Ich stelle die Knopfkiste wieder an ihren angestammten Platz und wünsche mir, dass sich noch der eine oder andere Knopf hinzugesellen möge, der mir seine individuelle Geschichte zu erzählen weiß, die mich ganz sicher interessieren würde.

Himbeergrütze

Zu allen Zeiten aßen Kinder gern Süßes, zu dem auch Himbeergrütze zählte. Aus den gesammelten Waldhimbeeren hatte Hänschens Mutter eine Himbeergrütze gekocht. Weil es längere Zeit brauchte, bis die Grütze völlig erkaltet war, wurde sie schon am Vortag des Festes bereitet, und die Schüssel mit der köstlichen Speise stand nun auf dem Küchenschrank.

Dem Süßschnabel Hänschen war auch die Spitztüte in Mutters Einkaufs-netz nicht entgangen, in der sich nur Bonbons befinden konnten. Die Luft war rein, und Hänschen machte sich daran, nach der bewussten Spitztüte zu suchen. Er kniete sich auf das Unterteil des Küchenschrankes und durchwühlte sämtliche Ecken der beiden oberen Schrankfächer. Er sah in Kaffeekannen, Milchtöpfen und hinter Tellerstößen nach, schob dabei das ganze Geschirr hin und her. Ein Wasserglas, in dem stets Großvaters künst-liche Zähne aufbewahrt wurden, kippte um. Das Gebissteil glitt geräuschlos in die darunterstehende Grützeschüssel, ohne das Hänschen etwas bemerkte.

Erst als er erfolglos die Bonbonsuche abbrach, besah er sich die Grütze-schüssel genauer. Ob er eventuell von der noch flüssigen Speise kosten könnte, bevor eine feste Haut sein Naschen sichtbar machen würde? Durch die Glasschlüssel sah Hänschen ein undefinierbares Gebilde. Es lag auf dem Boden der Schüssel und weckte seine Neugier zunehmend.
Schnell entschlossen griff er mit langgestreckten Fingern in die Grütze und war erstaunt, als er Großvaters Zähne zutage förderte. Hänschen begriff schnell die Zusammenhänge und freute sich, dass es noch einmal so abge-gangen war. Nicht auszudenken, wenn das Unheil erst an der Festtagstafel entdeckt worden wäre!
Hänschen tauchte die Zähne kurz in den Wassereimer und legte sie in das Glas zurück.
Am anderen Tag, als die Mutter jedem ein Glastellerchen voll Grütze füll-te, zog Hänschen seinen Teller zurück. Keiner konnte seine plötzliche Appetitlosigkeit verstehen, und alle bedauerten das arme Hänschen, das angeblich unter Bauchschmerzen litt.
Einen Rest Grütze ließ die Mutter dann doch in der Schüssel für das kleine Schleckermaul, dem es am anderen Tag sicher wieder schmecken würde!

Hinter mir, da gilt es nicht...

Es war Ende Oktober, das letzte Laub fiel von den Bäumen, und die Tage verabschiedeten sich früh. Wieder einmal hatte ich nach der Schule und dem sich anschließenden Pensum an Hausarbeit einen dicken Packen „Thüringische Landeszeitung" auszutragen.
Ich klemmte das schwere Paket unter den Arm, und schon nach wenigen Minuten waren meine Finger ganz klamm und steif von der herbstlich strengen Abendluft.

Es wurde Zeit, die selbst gestrickten Handschuhe hervorzukramen. Hoffentlich hatten sie nicht wieder die Motten beim Wickel wie im vorigen Jahr. Aber eigentlich kullerten ja dagegen genügend eigenartig riechende, weiße Kügelchen im Schrank herum. Gleich morgen wollte ich nachsehen, wer sich im Wäschefach durchgesetzt hatte.

Heute würde es jedenfalls spät werden, so dachte ich bei mir. Das Monatsende war nahe, und ich musste noch die restlichen Zeitungsgelder von den ewig Säumigen kassieren. Ich brauchte dafür immer mehrere Tage, denn nicht alle Leser zahlten bei der ersten Aufforderung sofort.

Es waren stets dieselben Leute, und auch die Ausreden kannte ich schon lange auswendig. Ich glaube heute im Nachhinein nicht einmal, daß es Nachlässigkeit oder gar böser Wille gewesen ist. Die Zeit war einfach sehr schwer, und sie forderte von jedem Einzelnen alle Kraft, die er besaß. Geld hatte in diesen Jahren einen ganz besonderen Stellenwert. Nicht die Mark, sondern jeder Pfennig musste dreimal umgedreht werden.

Beim Kassieren hatte ich immer ein rotes, schon etwas brüchig gewordenes Lacktäschchen dabei. Es war aus meiner Kindergartenzeit übrig geblieben. Ein eigenes Portemonnaise besaß ich nicht. Wozu auch? Ein zwölfjähriges Mädchen hatte sowieso kein Geld zu verwahren. Mein mehr als bescheidener Lohn für meine Austragstätigkeit und das Kassieren verschwand erst einmal in Mutters Geldbörse.

Wollte ich dann sonntags ins Kino gehen, konnte ich von großem Glück reden, wenn ich die dazu nötigen fünfzig Pfennige bekam. Die fünf Groschen behielt ich gleich in der Hand und rannte damit überglücklich auf den Kinosaal.

So kam mir fürs Kassieren mein Kindertäschchen gerade recht. Die Kordelschnur schnitt ich ab, fertig war die Kiste. Richtig stolz machte mich meine Erfindung, in der es sich so gut wühlen ließ.

Aber eigentlich brauchte ich gar nicht oft nach Wechselgeld zu suchen, denn überall gab es mehr kleines als großes Geld. Die meisten Bäuerinnen kramten bei meinem Erscheinen in Kaffeetassen, Schubkästen und Hosentaschen herum und suchten ihre paar Groschen zusammen.

Fast am Ende meiner Tour lag ein Bauernhof im Oberdorf. Den ließ ich immer bis zuletzt, weil es in der Gasse, so nah am Feld, immer etwas gruselig war. Heimwärts rannte ich so schnell ich konnte den Lappenhök hinunter, als wären alle Dorfköter hinter mir her.

Die Pause ist aufbauend. Foto: Familie Lehmann aus Walschleben.

Aber heute hörte ich schon von weitem das Lachen und Juchzen der Kinder auf dem Kastanienplatz hinter dem Kirchhof.

Ein Junge stand an eine Kastanie gelehnt, hielt sich die Augen zu und schrie aus vollem Hals: „Eins, zwei, drei, jetzt komme ich!"

Schnell legte ich mein rotes Geldtäschchen hinter einen dicken Baum dessen Wurzelausläufer wie pralle Würste auf dem vorbeiführenden schmalen Trampelpfad lagen. Nun hatte ich die Hände frei, wenn ich mit den anderen Kindern um die Wette laufen wollte.

„Darf ich mitspielen?" fragte ich die abgehetzte Meute.

„Klar, aber du suchst", kam die Antwort prompt. Ein Spiel jagte das andere, Geld und Pflicht waren längst vergessen. Da wurde auch schon der erste Junge mit strengem Ton nach Hause gerufen. Für mich wurde es auch Zeit, denn wir Kinder hatten spätestens um acht im Bett zu liegen. Ich ahnte noch nicht, dass es für mich heute eine Ausnahme geben würde.

Alle Kinder stoben auseinander. Ich rannte zu meinem Versteck und stand genauso angewurzelt da wie die dicke Kastanie. Mein rotes Täschchen lag nicht mehr an seinem Platz. Hundert verschiedene Gedanken jagten gleichzeitig durch meinen glühenden Kopf.

23

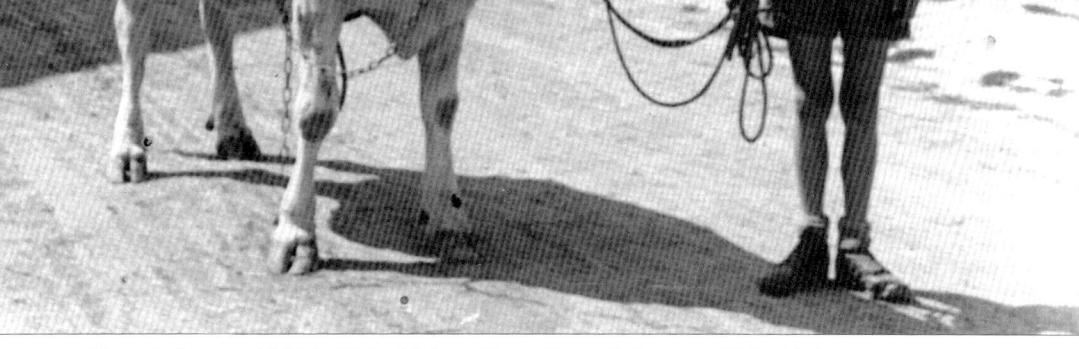

Hans Lehmann 1943 in Walschleben. Foto: Hans Lehmann, Walschleben

Schnell rief ich noch einige Kinder zurück. Sie sahen hinter allen Bäumen nach, ich blieb indes wie versteinert stehen. Mir fiel ein, dass ich im Halbdunkel einen hageren, alten Mann den Fußpfad entlang gehen sah. Ob er wohl...? Ja, nur so konnte es gewesen sein.

Blitzschnell setzte sich der Gedanke bei mir fest. Der alte Mann hatte das Täschchen neben dem Baum liegen sehen und hatte es mitgenommen. Ein Kind würde so etwas niemals machen, nein, es musste ein anderer gewesen sein.

Für einen Augenblick hatte ich Hoffnung, mein Geld wiederzubekommen. Ich lief aufgeregt zum Haus des alten Mannes, das ganz in der Nähe war, klopfte ans Fenster und konnte gar nicht erwarten, bis es geöffnet wurde.

„Haben Sie vielleicht – oder zufällig – mein Geld – meine rote Tasche gesehen oder gefunden?", so ähnlich stammelte ich meine Hoffnungen heraus.

Nein, er hatte nichts gesehen und auch nichts gefunden und fand auch kein tröstendes Wort, bevor sich das Fenster wieder schloss.

Nun war guter Rat teuer. Abgehetzt, sprachlos vor Angst und mit einem unguten Gefühl im Nacken stand ich allein im Dunkeln. Langsam druckste ich nach Haus.

Die gute Landluft 1943. Foto: Familie Lehmann, Walschleben

Die Tränen liefen schon von selbst, obwohl mich meine Mutter noch gar nicht ins Gebet genommen hatte. Die Angst war so groß, daß ich es einfach sofort herausprudelte.

Mutter hatte schon nach den ersten drei Worten verstanden. Die äußeren Umstände brauchte ich ihr nicht weiter zu erklären. Sofort setzte ein Riesendonnerwetter ein, das jedes weitere Wort erstickte.

Alle Nachbarn erfuhren so die Geschichte aus erster Hand. 24,60 DM waren auch für meine Eltern kein Pappenstiel.

Das sie mir aus der Patsche helfen würden, das hätte ich eigentlich nicht zu hoffen brauchen. Für meine eigene Dummheit und Leichtsinnigkeit hatte ich mit meinen zwölf Jahren schon selbst geradezustehen. Auf der Stelle wurde ich zu meinem Brötchengeber beordert, obwohl für mich mittlerweile bereits Schlafenszeit war. Ich sehe den alten Herrn noch genau vor mir am Schreibtisch sitzen. Er hörte sich mein Gestotter an und hatte auch sofort begriffen. „Ja Mädchen, da arbeitest du eben so lange umsonst, bis du das Geld wieder verdient hast. Das wird dir die beste Lehre sein!", so sagte er mit einer selbstverständlichen Gelassenheit. Auch er hatte also kein Erbarmen mit mir, trotzdem fiel mir ein Stein vom Herzen. Ich schämte mich für meine Dusseligkeit. Fast drei Monate musste ich nun Tag für Tag die Zeitungen austragen, das einkassierte Geld hütete ich wie meinen Augapfel. Ich war froh, als die Zeit vorüber war und ich meine Schuld abgebüßt hatte.

Immer, wenn ich bei dem alten Mann vorbeikam, den ich vielleicht zu Unrecht verdächtigte, kam mir der sonst so freundliche Gruß nur leise und schwer über die Lippen. Ja, damals war es eine Selbstverständlichkeit, dass wir Kinder im Dorf jeden Erwachsenen grüßten. Ob wir ihn nun gut oder weniger gut leiden konnten, das spielte keine Rolle.

Jenen Herbstabend, der so lustig begann, vergesse ich ein Leben lang nicht. Manchmal sehe ich nach den Kastanienbäumen, die auch älter und dicker geworden sind. Hinter ihnen ließe sich jetzt gut Verstecken spielen. Aber ganz sicher werden sie nicht mehr so umsprungen wie damals, und längst gibt es kein Zeitungsmädchen mehr, das ihretwegen leichtsinnig und pflichtvergessen würde.

Auf und nieder!

Ich bin wohl vier oder fünf Jahre alt gewesen, und ob es Frühling oder Herbst war, weiß ich nicht mehr genau. Auf jeden Fall war das Wetter hässlich und kalt. Ich durfte auch deshalb nicht das Stubenfenster öffnen, damit die Wärme nicht hinauszog.

Ich kniete auf einem Stuhl und sah durch die Scheiben. Manchmal hauchte ich sie an und kritzelte ein Männchen in den Nebel. Ich war schon so gewieft, dass ich es nur machte, wenn Mutter nicht hersah, weil sie mir sonst auf die Finger schlug. „Wir sind doch nicht bei den Hottentotten", sagte sie dann.

Aber plötzlich kamen viele Jungens in Uniform auf den Lindenplatz marschiert. Sie gehörten zum Jungvolk und wurden von einem Hitlerjugendführer gedrillt. Aber das wusste ich alles nicht, ich sah nur die Jungen und einen Mann, der sie laufend anschrie. Sie mussten sich in Reihen aufstellen. In der ersten Reihe erkannte ich meinen Bruder Hans, aber er sah mich sicher nicht.

Plötzlich brüllte der Kommandierer: „Auf-nieder, auf-nieder, auf-nieder!", in einer Lautstärke, dass sich seine Stimme bald überschlug. So hab ich es in meiner Erinnerung behalten. Die Jungen warfen sich auf die Erde und standen wieder auf. Ausgerechnet mein Bruder Hans stand vor einer Schlammpfütze.

Bei jedem Schrei schmiss sich Hans in die Pfütze und stand triefnass wieder auf.

Das ging eine Weile so. Ich verstand nicht, was sie da machten, weil ich ein kleines Mädchen war, rückte immer näher an die Scheibe, so dass sie dauernd beschlug und ich nur mit Wischen zu tun hatte.

Davon war Mutter aufmerksam geworden und schimpfte mit mir. Aber da lag doch unser Hans laufend im Schlamm, das konnte doch nicht richtig sein.

Ich war böse auf den Kommandierer, schon weil er sehr laut herumschrie. Am liebsten hätte ich das Fenster aufgerissen und Hans nach Hause gerufen. Im letzten Moment hielt mich meine Mutter davon ab. „Sei endlich ruhig und lass das Fenster zu, du bringst uns in Teufels Küche!", so schrie sie mich nun aufgeregt an. Warum, das verstand ich nicht, auch nicht, was eine Teufelsküche war, daran kann ich mich noch genau erinnern.

Hans kam später wie ein Schlammfänger heim. Mutter schmiss seine Dreckklamotten in der Küche hin und her, schimpfte dabei auf den Kommandierer. Der hätte wohl einen Knall, sagte sie, und wäre ein Saukerl.

Ich konnte den Tag lange nicht vergessen, mir tat mein Bruder leid und verstehen konnte ich den Zusammenhang sowieso nicht. Aber das da etwas nicht richtig war, das spürte ich wohl. Mit meiner Mutter sprach ich später noch einmal über jenen Tag. Sie sagte mir den Namen des Kommandierers. Als ich ihm das erste Mal begegnete, war ich bereits ein junges Mädchen.

Es war Kirmes, er kam mit seiner Frau ins Dorf zum Tanz. Als ich ihn so stolz am Tisch sitzen sah, wäre ich am liebsten zu ihm gegangen und hätte ihm einmal meine Meinung gesagt. Mein Bruder hatte den Vorfall sicher längst vergessen oder verziehen.

Das konnte und wollte ich bis heute nicht, weil sich dieses scheußliche Ereignis so fest in meine Seele gebrannt hat. Es beherrscht einen Teil meines Gedächtnisses, an dessen Stelle glücklichere Ereignisse hätten bewahrt werden können.

Eiergräupchen

Es kam selten vor, dass ein Vater Herr über Küche und Kochtopf war, aber manchmal ließ es sich einfach nicht umgehen.

Eine Mutter von mehreren Kindern lag im Krankenhaus, und so hatte der Vater derweil alle hungrigen Mäuler zu stopfen. Das war eine Situation, in die sich kein Mann hineinwünschte, aber die doch manch einem recht gut bekam.

Die Herren der Schöpfung erfuhren dabei, dass es gar nicht so leicht war, jeden Tag etwas auf den Tisch zu bringen, was auch noch einem jeden schmecken sollte.

So grübelte Wilhelm wieder einmal über den Speiseplan nach und fragte schließlich seine Kinder um Rat.

„Ach Vater, koch' doch einfach Eiergräupchen, wie sie Mutter immer machte"; rieten die Kinder.

Zufrieden nickte der Vater, denn Eiergräupchen schienen nun wirklich keine Kunst zu sein.

Aus einigen Eiern und Mehl rührte er einen Brei, der nicht vom Löffel und von der Schüssel ging. Der Vater kratzte unter einigen Mühen den Kloß in die kochende Fleischbrühe in der Hoffnung, dass er sich dort schon auflösen würde. Doch so sehr er sich auch mühte, es war und blieb ein Kloß.

Nach einer Weile stach Wilhelm ein Stück seiner Kochkunst ab und verteilte es auf den Kindertellern. Die Kinder besahen argwöhnisch den zähen Klumpen und fragten den Vater wie aus einem Munde, wann denn die Mutter endlich wieder nach Hause käme.

Vogelschießen

Während der Schulpausen erzählten einzelne Kinder vom Vogelschießen in der Kreisstadt. Wir Mädchen kamen bei der Vorstellung von Melasseeis, Lebkuchenherzen und Wundertüten in ein überschwängliches Schwärmen. Die Jungens beschrieben die Gespensterbahn mit den gruseligsten Figuren und prahlten mit ihren Gewinnen an Schieß- und Losbuden.

Ein Bauer aus der Nachbarschaft fuhr in jedem Jahr mit seinem Pferdegespann zum Vogelschießen. Schon einmal hatte er mich mitfahren lassen, vielleicht würde es ja wieder klappen!

Ja, in letzter Zeit war daheim nichts Negatives passiert, was meine Person betraf. Meine Aufgaben waren zufriedenstellend erledigt worden, und das letzte Nachsitzen war auch schon eine Weile her. Wenn ich ein wenig Glück voraussetzte, würde ich unsere Mutter herumkriegen und sie gab mir etwas Geld. Viel brauchte es eigentlich gar nicht zu sein. Die Hauptsache war das Teilnehmen und natürlich auch die Kutschfahrt.

Mein „Kindermädchen" Inge Hoyer mit mir, 1941. Foto: H. Stecher, Molschleben

Am Abend bettelte ich Mutter so lange, bis sie mir ein paar Mark in die Hand zählte. Überglücklich rannte ich in die Gasse, in welcher der Kutschbauer wohnte. Er wusste gleich, warum ich gekommen war, und hatte für mich auch schon einen Platz freigehalten.

Ich konnte den anderen Nachmittag kaum erwarten. Strahlend vor Glück saß ich dann zwischen all den Kindern, völlig ausgelassen und fröhlich. Auf der Kutsche klemmten wir wie die Heringe, jedes Eckchen war ausgenutzt. Wir sangen ein Lied nach dem anderen, und die herausgeputzten Pferde schlugen mit ihren Hufeisen den Takt dazu auf die Asphaltstraße.

Der Bauer fuhr bis zur Stadtmitte zu einem Ausspannbahnhof. Dort wurden die Pferde von einem Stallburschen betreut bis zu unserer Heimfahrt.

Der Rummelplatz lag außerhalb der Stadt, also machten wir uns auf den Weg. Auf die Idee, einen Straßenbahnfahrschein zu kaufen, wären wir nie gekommen. Unser weniges Geld mussten wir zusammenhalten. Das Laufen machte uns nichts aus, schon gar nicht mit solcher Aufregung im Bauch. Schon von weitem hörten wir die Dudelmusik der Karussells und Luftschaukeln.

Die Beine trugen uns immer schneller. Da befanden wir uns auch schon inmitten des Getümmels. Vorher hatten wir ausgemacht, immer nah beieinander zu bleiben, dass niemand verloren gehen konnte.

Nach dem Krieg vor der Kinovorstellung, vor dem Gasthof, ca. 1951.
Foto: H. Stecher

Es war der blanke Wahnsinn auf dem Festplatz, Himmel und Menschen, wohin man auch sah. Aus Leibeskräften schrieen die Losverkäufer um die Wette, um alle Aufmerksamkeit auf sich zu lenken. Einen Hauptgewinn gab es wohl eher selten zu verkünden.

Obwohl sicher kein Kind die Taschen voller Geld hatte, waren alle fröhlich und ausgelassen.

Wohl ein Zeichen dafür, dass gerade in der damaligen schweren Zeit den Frohsinn alle nötig brauchten.

Aus der Gespensterbahn drangen angsterfüllte Schreie, und überlautes Kreischen verfehlte seine Wirkung bei der Jugend nicht. Die Eintrittspreise waren gering und unserem Mitgebrachten angemessen.

Wir Kinder waren in jener Zeit nicht so sehr mit Monstern und außerirdischen Gestalten vertraut. Eher hatte sich noch der Aberglaube und die Angst vor Gespenstern in unserem Denken eingenistet. Entsprechend angsterfüllt klangen unsere Schreie, als der Sensenmann und blutrünstige Ungeheuer im Vorbeifahren aus einer dunklen Nische hervorsprangen. Schnell war die Fahrt vorbei, und draußen im hellen Sonnenschein atmete ein jeder erst einmal auf.

Einige kräftige Männer standen um ein Gerät und schlugen mit einem riesigen Hammer auf eine Art Kugel, wie der Blitz sauste der Zeiger auf der Skala ganz nach oben, und je höher der Pfeil auf der Skala sauste, um so kräftiger waren die Kerle. Stolz und auch Neid blitzte aus ihren Augen. „Hau den Lucas" schrie der Gerätebesitzer wie wild über den Platz. Was der Lucas war, das wusste ich natürlich nicht.

Es zog uns zur nächsten Bude. „Wahrsagerin" stand ganz groß auf dem Reklameschild. Eine ältere Frau schaute etwas grimmig über ihre dicke Brille und fragte mich, in welchem Sternkreiszeichen ich geboren wäre? Ich stand wie bedeppert da und wusste nicht zu antworten. Noch nie hatte ich etwas über Sternkreiszeichen gehört. Die alte Frau verlor scheinbar schnell die Geduld, das sah man ihrem Gesicht an. Weil von mir keine Antwort kam, wollte sie meinen Geburtstag wissen. Worauf ich ihr sagte, daß ich am 4. Juni 1939 geboren wurde. „Ach, da bist du ja ein Zwilling", belehrte sie mich halb fragend. „Nein, ich bin kein Zwilling", widersprach ich der Wahrsagerin ganz bestimmt. Die alte Frau wurde nun sichtlich nervös, schob mir einen winzigen Zettel zu und bedeutete mir, den nächsten vorzulassen. Dabei brummte sie etwas wie keine Ahnung von Tuten und Blasen!

Als ich wieder draußen in der Sonne stand, las ich etwas geblendet den kleinen Zettel. Hinter dem Begriff „Zwilling" standen so viele Eigenschaften, die haargenau auf mich zutrafen, dass es mir recht unheimlich wurde. Woher konnte mich diese fremde Frau kennen? Woher wusste sie, dass ich zumeist fröhlich war, freigiebig, leichtsinnig, immer mit dem Schalk im Bunde? Da stand, dass ich als Zwilling zwei Gesichter hätte, das konnte nun wirklich nicht stimmen.
Auf jeden Fall wäre ich nicht noch einmal zu dieser alten Frau gegangen. Seit diesem Besuch glaubte ich wieder öfter an Hexen.
Heute weiß ich etwas mehr über Astrologie, auch, dass die Eigenschaften des Sternkreiszeichens Zwilling mir wie auf den Leib geschneidert sind. Jener kleine Zettel von der Wahrsagerin kam mir schon sehr oft wieder in den Sinn.
Damals war ich etwas aus der Fassung gebracht, weil ich vieles nicht verstand. Es wurde mir ein Spiegel vorgehalten, und ich nahm mir vor, unbedingt herauszubekommen, was es damit für eine Bewandtnis hatte. Für den restlichen Nachmittag war ich nicht mehr so recht bei der Sache. Gedankenversunken leckte ich ein Melasseeis, was mir nicht schmeckte.

Für ein großes Lebkuchenherz, welches ich meiner Mutter mitnehmen wollte, reichte mein Geld leider nicht mehr.

Einen Luftballon und eine Wundertüte hatte ich bei einer Losbude gewonnen. Der Luftballon taugte nicht viel, denn er zerplatzte sofort und damit sicher auch mancher kleine Traum von einem Teddybären oder einer wunderschönen Puppe mit langen Zöpfen. Mir blieben ja noch die Zopfhalter aus der Wundertüte, sie gefielen mir auch ganz gut. Ich hatte zwar einen Bubikopf, aber die Zopfhalter wollte ich mir aufheben, bis die Haare wieder länger wurden.
Wir Kinder waren damals sehr bescheiden, wohl, weil wir es gar nicht anders kannten.
Es brauchte sehr wenig, um uns glücklich zu machen, und diese Zufriedenheit hielt noch eine lange Zeit an. Nicht, dass wir Kinder nicht auch nach unerreichbaren Dingen geschaut hätten, aber es hatte alles ein anderes Maß.

Allmählich ließ auch der Trubel auf dem Rummelplatz etwas nach, und auch für uns wurde es Zeit für den Nachhauseweg. Das Geld war in jedem Falle ausgegeben. Wir fuhren genauso glücklich wieder nach Hause, wie wir gekommen waren.

Preisträger mit dem besten Kuhbestand – A. Stecher und A. Lorenz, Molschleben.
Foto: H. Stecher, Molschleben

Die beste Kuh besaß 1949 der Kleinbauer A. Stecher (mein Vater) aus Molschleben.
Foto: H. Stecher

R. Gewalt Kleinfahner
1936 mit Jungenschürze.
Foto: R. Gewalt

Vom Leben auf dem Lande

Ich drehe an der Lebensuhr,
seh' rückwärts uns'res Lebens Spur.
Die Winter werd' ich nie vergessen.
Im Schnee hat manches festgesessen.
Der Schneepflug mit der Pferdekraft
hat oft die Massen nicht geschafft.
Männer und Schaufeln mussten her.
Schon damals half die Feuerwehr.
Schneewehen, örtlich Meter hoch,
im Flachland, wo es stöbernd zog.
Heut' ist es nicht mehr vorstellbar,
wie hart und schwer das Leben war.

Ich bin in Mutters Bett geboren.
Zum Glück hab' ich nicht noch gefroren.
Denn es war Juni, buddelwarm,
doch alles and're, Gott erbarm!
Hebammen traf kein leichtes Los,
oft war das Chaos riesengroß.
In jedes Bett Räson zu bringen,
das wollte nicht so recht gelingen.
Manches erzwang man, so gut es ging,
weil es mit dem Tod zusammenhing.
Die Sauberkeit war A und O,
denn überall und irgendwo,
da lauerte die Infektion.
Zu viele starben daran schon.

Das Plumpsklo – Schrecken aller Zeiten!
Wer wollte das jemals bestreiten?
Im Winter ist man festgefroren,
das Grauen hat sich nie verloren.
Im Sommer – Ekel und Gestank,
es schüttelt mich ein Leben lang!

Die Klo's sind heut' penibel rein,
zumindest sollte es so sein!
Im Winter warm, im Sommer kühl,
nutzt es heut' mancher als Exil.
Windeln waschen alle Tage,
wer's hat gemacht, der kennt die Plage.
Die Pampers sind 'ne Spielerei.
Der Umwelt ist's nicht einerlei.

Wäsche waschen, das brauchte Kraft.
Wie haben wir das bloß geschafft?
Wasser schleppen und Wannen heben;
mein Gott, war das ein hartes Leben!
Bürsten, wringen und vier Mal spülen,
sich selbst wie ausgewrungen fühlen.
Dann ist die Leine noch gerissen,
hat alles in den Dreck geschmissen.
Daran zerbrach manch' zarte Frau,
deshalb mal' ich die Zeit so grau.

Heut' schläft man nicht mehr eisig kalt,
doch trotzdem werden wir sehr alt.
Die Schlafzimmer sind temperiert,
kein Nachtgeschirr, das mehr gefriert.
Die Strohsäcke sind längst vergessen,
heut' sind Matratzen angemessen.

Auch Frostbeulen gibt's keine mehr,
sie machten uns die Nächte schwer.
Petroleumfunzeln, Kerzenlicht,
gut sehen konnt' man damit nicht.
Feuer machen, jeden Morgen,
Dreck und Asche gleich entsorgen.
Täglich Holz und Kohlen schleppen,
Ruß und Staub in allen Ecken.
Warm ist es heut' im ganzen Haus,
es wird genossen, überaus.

Ein Telefon in jedem Haus,
auch das sah früher anders aus.

Eh' man kam zu seiner Predigt,
war die Sache schon erledigt.
Nicht jeden Tag gab's Fleisch zu essen,
das haben viele ganz vergessen.
Der Genuss wächst durch Verzicht,
nur übertreiben darf man's nicht!

Der Morgenkaffee, welch ein Duft,
der lag damals nicht in der Luft.
Wir tranken „Pritsch", landauf, landab,
denn Kaffeebohnen waren knapp.
Heut' stellt man die Maschine an,
was jedes kleine Kind schon kann.
Mit Kaffee hat es keine Not,
ihn gibt's im Sonderangebot.
Luftdicht verpackt, oder auch frisch,
landet er auf dem Frühstückstisch.

Viel Dreck gab's bei der Stallarbeit.
Es gab kein Bad, nicht weit und breit.
Und auch vom Feld kam man verschwitzt,
kurz duschen hätte viel genützt.
Die Waschschüssel musste genügen,
wollt' man nicht Flöh' und Läuse kriegen.
Heut' duscht man morgens, Tag für Tag,
fragt nicht ob auch die Haut das mag.

Wir sollten mehr als dankbar sein,
und nicht gleich Zetermordio schrei'n,
wenn es nicht klappt und funktioniert
und nicht so läuft wie gut geschmiert.
Für Hausfrau'n wurde viel getan,
man spart an Arbeit, wo man kann.

Wenn ich die Zeit noch weiter dreh',
ich noch mehr Plag' und Mühsal seh'.
Käm' diese Zeit noch 'mal zurück,
zerbräche heut' manch' junges Glück.
Doch rückblickend muss man doch sagen,
es war auch schön, trotz aller Plagen!

Dorfidylle

Eine Windmühle steht zumeist auf einer Erhebung, weil der Wind, aus allen Richtungen kommend, für die Betreibung des Mahlwerkes nötig ist. Diese Mühlen stehen außerhalb eines Dorfes, um die Windkraft uneingeschränkt nutzen zu können.

Nun hat es zu keiner Zeit einen Müller gegeben, der seine Not im geringen Körnervorrat gesehen hätte. Ein jeder Müller passte auf, dass er beim Abmetzen, dem Einbehalten des Mahllohnes vom Mahlgut, nicht zu kurz kam. Ein Müller wäre also der Letzte in einer Dorfgemeinschaft gewesen, dem die nötigen Körner für die Fütterung der Tiere oder das Saatgut ausgegangen wären.

Um so unverständlicher war es, dass ein solcher Windmüller in einem kleinen Thüringer Dorf sein Federvieh zum großen Teil auf den umliegenden Feldern der Bauern ernährte. Viel Zank und Streit gab es um dieses Thema.

Die Bauern hatten es seinerzeit schwer genug mit der Bearbeitung ihrer Felder. Um so verständlicher war, dass auch die Früchte dieser Plagerei dem gehören sollten, der seinen Schweiß dafür hergab.

Heuernte im Obstgarten. Erich und Rolf Bärwolf, Molschleben 1964.
Foto: E. Bärwolf

Mist laden 1943.
Sammlung: Hans Lehmann, Walschleben

39

Heuernte mit der Familie von Edgar Bärwolf aus Molschleben. Foto: E. Bärwolf

Jedes Jahr brachte das Hühner- und Gänsevolk des Windmüllers neuen Ärger, der sich auf vernünftige Art und Weise nicht klären ließ.
In manchen Jahren suchte noch dazu eine Mäuseplage die Getreide- und Kleefelder heim. Mit Giftweizen versuchten die Landwirte den lästigen Nagern zu Leibe zu rücken. So auch der Bauer, dessen Felder unterhalb der Windmühle lagen.

Aber bevor den Mäusen das Gift zusetzte, hatten sich die Hühner des Windmüllers über den Giftweizen hergemacht und reichlich davon gefressen.
Es folgten ein qualvoller Tod des Federviehes und ein handfester Streit zwischen dem Windmüller und dem Anrainerbauern. Sogar ein Gericht musste zur Schlichtung bewegt werden.
Und wie zum Hohn hatte der geschädigte Bauer die verlorenen Hühner zu bezahlen, denn auch schon damals gab es Gesetze zum Schutze der Kreatur.
Es gab zu keiner Zeit nur friedliche Idylle auf dem Lande, dafür waren die Menschen seit jeher zu verschieden. Auch der Geiz und die Habgier

Mutter beim Quecken heraus stechen im Garten. Foto: H. Stecher, Molschleben

spielten bei manchen Dorfbewohnern eine nicht unwichtige Rolle, sie beeinflussten das friedliche Zusammenleben oft erheblich.

Auch in meinem Heimatort Molschleben gab es zwei Bockwindmühlen außerhalb des Ortes. Ich kann mich an ihre guten Tage nicht mehr erinnern. Die großen, hölzernen Mühlen fristeten schon in meinen Kinderjahren ein trauriges Dasein, bis sie schließlich abgerissen wurden. Gerade in der Zeit nach dem Krieg fehlte es den Verantwortlichen mancher Ortschaften oft an Verstand und Weitsicht.

Der Klapperstorch

Die kleinen Kinder brachte der Klapperstorch, so wussten wir es von klein auf.

Der Österborn war ein steinerner Brunnen hinter dem Dorf, in ihm sollten angeblich die Störche zu Hause sein. Dieser Brunnen hatte für mich so etwas Geheimnisvolles, dass ich gar zu gern einmal über die hohe Steinmauer hinweggesehen hätte. Man erzählte von einem kleinen Teich innerhalb dieses mystischen Brunnens, aus welchem die Störche die kleinen Kinder ziehen würden. Die stets verschlossene Eisentür weckte nicht nur mehr und mehr meine Neugier, sie brachte mich auf den Gedanken, dass hinter den Mauern etwas nicht mit rechten Dingen zugehen könnte.

Mutter erzählte mir, dass vielleicht bald ein Schwesterchen oder Brüderchen ankommen würde. Seitdem behielt ich den Österborn immer im Auge, wenn wir in seiner Nähe, auf dem Müllerstieg oder am Wassergraben, spielten. Einen Storch sah ich in der Nähe des Brunnens nie. Sie sollten doch schon lange vorher große Kreise um das Dorf fliegen, wenn ein Baby abzugeben war. Scheinbar hatte ich ihren Rundflug verpasst.

Immer öfter fragten mich Tanten oder Nachbarn, ob ich mir ein Geschwisterchen wünschte. Störche wären gesehen worden, und ich sollte am Abend Zucker für sie ins Fenster legen. Würfelzucker hatten wir keinen, aber ein paar größere Klümpchen fand ich in der Zuckerschüssel. Die legte ich auf die Fensterbank, und am anderen Morgen waren sie wirklich verschwunden. Nun konnte ich getrost auf ein Geschwisterchen hoffen.

Nicht, dass wir Kinder uns keine Gedanken um die gar zu dicken Bäuche mancher Frauen gemacht hätten, aber man erklärte uns immer, dass dieses Übel von zuviel gegessenen Kartoffeln herrühre.

Unsere Mutter aß ausgiebig und gern Kartoffeln, und mir fiel auf, dass sie davon immer dicker wurde. Einen Zusammenhang zwischen diesem Umstand

Wöchnerin von Hausen mit Hock-mantel, ca. 40-er Jahre.
Sammlung: G. Schneegaß

und einem zu erwartenden Baby sah ich mit meinen sechs Jahren nicht.

Als ich jedoch eines Morgens aufstand, hatte sich alles in unserem Haus verändert. Mutters Bett stand in der Stube, und die Hebamme hantierte mit Waschschüssel, weißen Tüchern und medizinischen Utensilien herum. Unter dem Fenster stand unser Wäschekorb auf zwei Stühlen. In ihm lag, in weichen Kissen, meine kleine Schwester. Ich war ganz aufgeregt, und all die Umstände, die das Baby mit sich gebracht haben musste, begriff ich im ersten Moment nicht.

Mutter redete auf mich ein wegen des Schwesterchens, und sie schien mir, allem Anschein nach, guter Dinge zu sein. Sie hätte doch eigentlich unter dem Biss des Storches zu leiden, wie man uns Kindern immer erzählt hatte. Im Beisein der gestrengen Hebamme getraute ich mich nicht, danach zu fragen. Später erfand Mutter allerlei Ausreden, weshalb sie mir die Beine nicht zeigen könne.

Kleinkind im Hockmantel.
Sammlung: Erna Ritter, Dachwig

So kam ein Klapperstorch in unserer kindlichen Naivität fast einem Wunder gleich.

6. März 1938. Kleinkind im Hockmantel. Sammlung: Erna Ritter, Dachwig

Ich entsinne mich, dass eines Frühjahrs zwei Störche auf dem First eines großen Bauernhauses standen und mit den Schnäbeln klapperten. Sie standen dort zwei Tage lang, wir saßen auf dem Zaun des Kriegerdenkmales und hofften, dass sie auf dem Dach ihr Nest bauen würden. Aber am dritten Morgen waren sie verschwunden, und die Bauern hatten sie danach auf den Nessewiesen beim Fröschefangen gesehen.

So gehören in meiner Erinnerung die Geschichten um den Klapperstorch zu den geheimnisvollen Märchen, die sich nur ein Kind zusammenphantasieren und erträumen konnte.

Rapünzchen

Meta hatte eine Bekannte im Dorf, die verstand sich auf Anzuchten im Garten, sie zog Blumen und Gemüse aller Art. Stiefmütterchen für den Friedhof hatte Meta bei der Hobbygärtnerin bestellt, das klappte in jedem Frühjahr ausgezeichnet. Meta war für einen Tag in die Stadt gefahren, und als sie am Abend nach Hause kam, fand sie im Hausflur ein kleines Päckchen aus Zeitungspapier. Jemand hatte es durch das geöffnete Flurfenster geworfen. Als Meta das Päckchen auseinanderwickelte, erkannte sie im Papier die bestellten Stiefmütterchen. Aber sie kamen ihr gar nicht so kräftig vor wie andere Jahre, manche hatten nicht einmal Wurzeln. Doch noch am selben Abend bepflanzte sie damit das Grab der Schwiegermutter. Die „Stiefmütterchen" mußte Meta tüchtig angießen, denn sie hingen schon die Köpfe. So richtig gefielen ihr die Pflanzen nicht, aber Meta hoffte auf besseres Wetter und gutes Gedeihen. Nach einigen Tagen traf Meta die Hobbygärtnerin. Die Gärtnerin fragte, ob denn das Päckchen gefunden worden wäre. „Ja, besten Dank auch noch für die Stiefmütterchen, ich habe sie gleich gepflanzt und gut angegossen", antwortete Meta. „Welche Stiefmütterchen?" fragte die Gärtnerin verdutzt. „Das waren doch Rapünzchen, die du so gern isst. Sie waren nur schon ein bisschen hochgeschossen, und ich hab' sie auf die Schnelle einfach mit den Wurzeln ausgerissen."

„Du meine Güte, hoffentlich hat das niemand gesehen!" Meta rannte, so schnell sie konnte, zum Friedhof, um die „Rapünzchen" wieder auszureißen.

Das konnte sich Meta nicht verzeihen, und Rapünzchen schmeckten ihr nie wieder so gut wie früher.

Der Zitterpudding

Im Jahre 1952 besuchte ich die 7. Klasse der Grundschule. Während bestimmter Unterrichtsfächer saßen wir zusammen mit den Schülern der 8. Klasse im selben Klassenzimmer. Auch die Schularbeiten (Hausaufgaben) unterschieden sich für beide Altersgruppen nicht. Überhaupt war es seinerzeit üblich, die Schularbeiten gemeinsam zu erledigen, man versuchte damit, den Leistungsunterschied zwischen sehr begabten und weniger begabten Kindern auszugleichen. Für mich waren solche Nachmittage mit mehreren Mädchen sehr willkommen, wobei mehr das Drumherum als die Erledigung der Schularbeiten eine Rolle spielten.

Eine ältere Schulkameradin, bei welcher das Treffen geplant war, hatte sogenannte Westbeziehungen und war auf diese Weise an einige Tüten Zitterpuddingpulver geraten. Von solchen Köstlichkeiten hatte ich noch nie gehört, und ich betrachtete deshalb völlig ungläubig die wässrige Brühe. Sie roch zwar appetitlich nach Waldmeister, aber ich traute der Masse nicht zu, jemals eine festere Speise zu werden. Um so erstaunter war ich, als der Pudding nach einigen Stunden tatsächlich auf meinem Löffel hin und her wackelte. Wir verschlangen den Waldmeisterpudding genauso gierig wie den Zitterpudding mit Kirschgeschmack. Allzuschnell waren die Schüsseln ausgekratzt, und abgewaschen musste auch noch werden, damit die Mutter der Schulkameradin ja nichts bemerkte.

Am liebsten hätte ich nun jeden Tag mit jener Schulkameradin Hausaufgaben gemacht. Ich schwärmte noch lange Zeit von diesem westdeutschen Zitterpudding und konnte mir nicht vorstellen, dass er in jenem Teil Deutschlands zu den ganz normalen Genüssen zählte.

Der Taubenschlag

Mein Bruder hatte sich in den Kopf gesetzt, einen Taubenschlag zu bauen und Tauben zu züchten.

Unser Hof war dafür viel zu klein, man konnte ihn eher einen Gang nennen. Wie sollten auf solch kleiner Fläche Tauben leben können und sich auch noch wohlfühlen?

Mein Bruder musste es wissen, denn er hatte schon einige Freunde für seine Idee begeistert. Obwohl uns streng verboten war, fremde Kinder mit ins Haus zu nehmen, hämmerten Hans' Freunde schon in allen Ecken. Schnell zimmerten sie aus Brettern und Kisten einen Taubenschlag und stellten ihn in den Hof. Der Gang zwischen Hausgiebel und Mistmauer maß jedoch höchstens eineinhalb Meter, ein Vorbeikommen gab es da nicht mehr.

Die Jungen waren gerade dabei, in den Fachwerkgiebel unseres Hauses ein Taubenloch zu klopfen, als Mutter früher als gewöhnlich vom Backhaus zurückkam.

Sie hatte einen Kirschkuchen gebacken, für die damalige Zeit eine außergewöhnliche Gaumenfreude. Mit Mutters unverhofftem Auftreten hatte mein Bruder nicht gerechnet, sicher wollte er sie später mit dem fertigen Taubenhaus überraschen.

Mutter trug das große, runde Kuchenblech auf dem Kopf, als sie zur Hoftür hereinkam. Ihr Blick ging gleich, unter dem Blech hervor, in Richtung Taubenloch. Sie hörte sicher das Klopfen der Jungen und konnte wohl im ersten Moment nicht begreifen, was da geschah.

Mutter machte den nächsten Schritt, stieß gegen den Taubenschlag, verlor die Balance, und der Kirschkuchen schoss vom Blech, geradezu auf den Misthaufen.

Ein Riesendonnerwetter ergoss sich über die Verursacher des Unglücks, die sich heimlich verdrücken wollten.

Aber ohne eine Ohrfeige kamen sie nicht an Mutter vorbei. Damit allerdings war es bei meinem Bruder nicht abgetan. Ich bin damals am glimpflichsten weggekommen, es traf mich zufällig keine Schuld, dafür war ich noch zu klein. Allein der Schreck saß auch mir in allen Gliedern. Die Idee mit dem Taubenschlag war jedenfalls begraben, und der Kirschkuchen sowieso!

Das weiche Wasser

Der Heedborn *[Heedborn – Haupt-, Kopfbrunnen, besonders großer Brunnen]* war ein Brunnen in unserem Dorf, der besonders weiches Wasser führen sollte. Seit Generationen verwendeten die Hausfrauen dieses Wasser zum Einweichen der Erbsen. So auch bei uns zu Haus. Stand für den kommenden Tag Erbsensuppe auf dem Speiseplan, wusste ich, dass am Heedborn „weiches Wasser" zu holen war. Wieder einmal hatte ich dies beim Spiel jedoch völlig vergessen.

Mutter kam abends total erschöpft und obendrein schlecht gelaunt von der schweren Feldarbeit nach Hause. Als sie die meisten der mir aufgetragenen Arbeiten unerledigt sah, schrie sie mich an, ob ich denn wenigstens „weiches" Wasser für die Erbsensuppe geholt hätte.

Aus Angst vor Bestrafung benutzte ich eine Notlüge, füllte die Schüssel schnell mit unserem gewöhnlichen Brunnenwasser und atmete erleichtert auf, als alles gutgegangen war.

Am anderen Mittag schöpfte die Mutter die dampfende Suppe, auf unsere Teller, dabei lobte sie das weiche Wasser des Heedborns, ohne das die Hülsenfrüchte nie so gut gelingen könnten.

Mir stieg indes die Schamröte ins Gesicht, und ich beugte mich noch tiefer über meinen Suppenteller.

Fortan glaubte ich nicht mehr so recht an das „weiche" Wasser, das die Voraussetzung für eine gelungene Erbsensuppe sein sollte.

Der Lebertran

Den widerlichen Geschmack des Lebertrans kann ich bis heute nicht vergessen, und selbst jetzt, beim Schreiben dieses Aufsatzes, lässt mich der pure Gedanke an dieses Zeug erschaudern. Während des Krieges hatten vor allem die Kinder unter vielen Entbehrungen zu leiden. Uns Dorfkindern ging es dabei zwar noch viel besser als denen in der Stadt, aber auch wir litten unter Vitaminmangel und Mangel an Aufbaustoffen.

Auf der Suche nach einem verfügbaren Ersatzmittel schien das Fischöl geeignet, wenigstens einige Nachfolgekrankheiten abzuwehren. Deshalb ordneten die zuständigen Behörden in allen Kindergärten vorsorglich die Verteilung von Lebertran an.

Jedes Kind, ob es nun wollte oder nicht, bekam mehrmals in der Woche einen Esslöffel voll dieser „Köstlichkeit" verabreicht. Immer wenn es soweit war und wir uns in einem Kreis aufstellen mussten, hätte ich mich am liebsten hinter dem Kasperletheater verkrochen. Den ängstlichen Gesichtern ringsum sah ich an, dass mir nicht allein solche Drückeberger-Gedanken in den Sinn kamen. Es half nichts, alle Knirpse hatten ihre Schnäbelchen aufzusperren und alles weitere über sich ergehen zu lassen.

Ohne dass der Löffel zwischendurch abgewaschen worden wäre, wanderte er von einem Mund in den anderen. Aber das mit der Hygiene fällt mir erst heute auf, seinerzeit gab es für mich andere Sorgen...!

Vielleicht hat uns Kindern das Teufelszeug ja wirklich geholfen; auch wenn ich damals befürchtete, es könnte uns allesamt umbringen.

Der unverhoffte Braten

Ziegen wurden nicht nur von den kleineren Bauern gehalten, sie gehörten zu jedem Bauernhof. Sie waren genügsam im Futter, führten in jedem Jahr Nachwuchs, und wenn ihre Milch nicht im Haushalt gebraucht wurde, zog man damit die kleinen Schweine auf. Außerdem lieferten die männlichen Tiere einen saftigen Bockbraten, und ein Osterlamm war auch nicht zu verachten. Auch eine Mutterziege ließ man nicht zu alt werden, denn mit zunehmenden Alter wurde ihr Fleisch immer zäher. Auf größeren Höfen liefen die Ziegen frei herum, naschten da ein Hälmchen und dort ein Blättchen, wurden mit der Zeit wählerisch, und es war schwer, sie wieder an Zucht und Ordnung zu gewöhnen. Den Ziegen gefällt das freie Leben, so auch den drei Gescheckten des Bauern Klausner.

Es war Frühjahr, und es gab viel zu tun auf den Feldern. Alles was helfen konnte, wurde bei der Arbeit eingespannt, und nur die Tiere blieben auf dem Hof zurück.

Die Ziegen zupften gerade am Grünfutterwagen in der Scheune herum. Sie waren außer Sichtweite, und so wurde ganz einfach vergessen, die drei Gescheckten in den Stall einzusperren. Die drei genossen ihren freien Troll und nutzten den Tag gründlich aus. Liese war die Älteste der Ziegen, sie verstand es, Türen zu öffnen, wenn sie nicht fest verschlossen waren. Wie auf Geheiß machte sich die Liese schon an der Haustüre zu schaffen. Als diese sperrangelweit offen stand, marschierten alle drei wie selbstverständlich in den Flur und danach in alle Stuben und Kammern. Es war in der Woche nach Pfingsten, überall im Haus standen noch Sträuße aus Birkengrün und frischen Lärchenzweigen, wie in jedem Jahr. Schon nach dem ersten Zupfen an den Blättern kippten die Vasen, fielen zu Boden und zerbrachen. Nun trampelten die drei Ziegen durch das Blumenwasser, hinterließen gar allerorten ihre kleinen braunen Kaffeebohnen, und nach ein paar Stunden waren die Stuben nicht wiederzuerkennen.

Am Abend, als die Bauersleute vom Feld heimkehrten, ging ein gellender Schrei der Bäuerin durchs ganze Haus. Die drei Gescheckten hatten gründliche Arbeit geleistet, bis in die Schlafkammern waren sie vorgedrungen. Die Gewiefteste von ihnen, die alte Liese, stand gar auf dem Bett des Bauern und meckerte herzzerreißend vor Freude über das Wiedersehen. Die drei Eindringlinge hatten nicht nur die Tischdecken heruntergezogen, die Vasen zerschmissen und das Haus völlig verdreckt, sie hatten in ihrer Neugier und Gefräßigkeit auch die Zuckermarken gefressen, die auf dem Tisch lagen.

Das war dem Bauern zu viel! Er trieb die Herde unter bösen Androhungen in den Stall, lief anschließend zum Metzger und bestellte ihn für den anderen Tag. Die Störliese und Türöffnerin hatte es wirklich übertrieben, sie mußte aus dem Verkehr gezogen werden, bevor sie ihren Nachkommen noch so einige Tricks beibringen könnte.

So gab es sonntags darauf einen saftigen Ziegenbraten. Beim Essen hatte keiner einen besonderen Appetit, und es wurde wenig gesprochen, wohl im Gedenken an die lustige Liese!

Das Eierkörbchen

Die Bauern, deren Höfe am Dorfrand lagen, ließen in den Sommermonaten ihr Federvieh frei herumlaufen. Auf der Suche nach Futter plünderten die Enten, Gänse und Hühner auch die umliegenden Gärten und Felder, die nicht zum Hof gehörten. Deswegen gab es in den Dörfern immer wieder Zank und Streit unter den Bauern.

Ich erinnere mich an eine lustige Begebenheit aus dem Nachbarort. Dort gab es einen Bauern, der besonders uneinsichtig war und seine Hühner frühmorgens aus dem Hof ließ. Nur zum Eierlegen schlüpften sie wieder zum Hühnerloch hinein. Wenn im Sommer der Weizen blüht, machen die Hühner eine Legepause, und keine Bäuerin wundert sich über weniger Eier im Nest. Diese Zeit kam dem Bauern, auf dessen Feld die Hühner des anderen Bauern täglich nach Futter scharrten, sehr gelegen. Er nahm einen Handkorb, füllte diesen mit Eiern und ging auf einem Umweg zu seinem Feld, auf dem das Hühnervolk vom Nachbarn nach Futter suchte. Heimwärts ging er an dem bewussten Bauernhof vorbei und erzählte einem jeden in der Straße, der sich über den gefüllten Eierkorb wunderte, dass er einige Eiernester in der Frucht gefunden habe. Nun würde er jeden Tag aufs Feld gehen und seinen Korb füllen, so wäre er entschädigt für den Ernteverlust. Die Geschichte ging wie ein Lauffeuer durchs Dorf, und auch der Hühnerhalter erfuhr davon. Der hielt künftig seine Hühner im Hof, und das Problem war auf ganz einfache Weise gelöst worden.

Karin und Harald Rockstuhl auf dem Hof in Tüngeda in der Bachstraße mit dem Eierkörbchen um 1960. Foto: Werner Rockstuhl

Der Mohnkuchen

Bei Heimborgs war ein kleiner Junge angekommen. Es war üblich, Freunde und Bekannte zu einem kleinen Fest einzuladen. Nach einem Abendbrot hatten Bier und Schnaps reichlich zu fließen, denn man ließ den Kleinen „pinkeln", wie es hieß. Für später am Abend war noch ein Kaffeetrinken eingeplant. Nach einigen Stunden waren die meisten Gäste schon ganz schön angeheitert, und es gab viel Spaß in der Stube. Nachbar Otto gehörte zu denen, die schon ein bisschen zu tief ins Glas geguckt hatten. Nach dem vielen Bier musste er öfter hinaus in den Hof. Als er wieder hereinkam und auf seinem Platz saß, scharrte er fortwährend mit den Füßen unter dem Tisch herum.

Es habe mittlerweile draußen stark geregnet und er sei in dicksten Schlamm getreten, versuchte er sich für sein Schlammabschlurfen zu entschuldigen. Es sei so dunkel gewesen und kein Stern mehr am Himmel zu sehen, berichtete Otto. Als dann die Bäuerin einen Teller Kuchen aufschneiden wollte und in die Speisekammer ging, traute sie ihren Augen nicht. Jemand hatte in ihrem Mohnkuchen gestanden, der zum Abkühlen auf dem Steinfußboden abgestellt war.
Somit klärte sich Ottos sternenloser Himmel samt dem Regenwetter und den Schlammpfützen auf. Von der Bäuerin kam noch ein unvergessliches Donnerwetter dazu.

Pass' auf deine Schwester auf!

Meine Kindheit wäre sicher anders verlaufen, hätte ich auch nur annähernd soviel Freizeit gehabt, wie sie den Kindern von heute verfügbar ist. Über meine kleine Schwester freute ich mich, als sie zur Welt kam, dass sie mir später einmal zur Last würde, das ahnte ich damals noch nicht. Ich war selbst noch ein Kind, und ohne dagegen aufbegehren zu können, hatte ich in früher Kindheit schon Mutterpflichten zu übernehmen.
Meine Schwester war sieben Jahre jünger als ich, und ab dem achten Lebensjahr gehörte es nach Schulschluß zu meinen alltäglichen Aufgaben, neben meinen hauswirtschaftlichen Arbeiten mein Geschwisterchen zu betreuen. Ich hatte es aus dem Bett zu holen, über dessen Gatter ich kleiner Knirps nur mittels einer Fußbank reichen konnte. Das Wickeln, Füttern und Ausfahren gehörte sehr oft zu meinen Pflichten. „Pass auf deine Schwester auf!" Diese mahnenden Worte höre ich heute noch.

Helga Rockstuhl in Tüngeda 1959 beim Tortenbacken.
Foto:
Werner Rockstuhl

51

Wenn die Eltern auf dem Feld arbeiteten, wurde mir früh, vor Schulbeginn, eine Moralpredigt gehalten, wie ich mich bis zum Abend im Umgang mit meiner Schwester zu verhalten hatte. Die kleine Roswita saß im Kinderwagen und spielte mit ihrer Rassel. Ab und zu sah sie über den Wagenrand zu den Hühnern, die sich auf dem Misthaufen zu schaffen machten und laut herumgatzten.

Vom großen Lindenplatz herüber drang das Toben der Kinder in unseren Hof herein. Lautes Kreischen vom Fangenspiel ließ mich ganz unruhig werden. In solchen Momenten verfluchte ich schon manchmal meine Lage und bedauerte, dass wir keine Oma im Haus hatten, welche, wie in vielen anderen Familien, die Betreuung der kleinen Kinder übernehmen konnte.

Ich überlegte hin und her, kontrollierte das rosafarbene Halterungsgeschirr, mit dem meine kleine Schwester links und rechts am Wagen festgezurrt war. Eigentlich konnte gar nichts passieren, wenn ich für zehn Minuten auf den Spielplatz ginge.

Ich war mir ganz sicher, dass alles gut gehen würde. Schon rannte ich zum Tor hinaus auf den Lindenplatz, wo ich von den Kindern freudig begrüßt wurde. Ein paar Spiele machte ich mit, und für einen kurzen Augenblick war meine Pflicht vergessen.

So lange, bis ein gellender Schrei meines Namens mich völlig bewegungslos machte. Es war die Stimme meines Vaters.

Spiele vor dem Haus in Tüngeda um 1962. Foto: Werner Rockstuhl, Tüngeda

Helga Rockstuhl in Tüngeda 1959.
Foto: Werner Rockstuhl

*1943 im Walschleber Kindergarten
(Erich und Horst Gräßer).
Sammlung: Familie Dieter Gräßer*

*Ausflug ins Puppenreich mit Freundin.
Sammlung: Erna Ritter, Dachwig*

Bloß nicht ins Wasser fallen! Kinder spielen an der Unstrut.
Sammlung: Erna Ritter, Dachwig

Erwischt! Herrjemine!
Lange konnte ich nicht überlegen, ich hatte sofort zu reagieren, wollte ich meine Lage nicht noch verschlimmern.

Schnell rannte ich zum Haus. Da stand mein Vater mit hochrotem Kopf in der Türe. Er schien mir in seiner Wut noch größer als sonst zu sein. Zu einer Entschuldigung kam ich nicht, ein paar wuchtige Ohrfeigen ließen mich hinter die Hoftüre fallen.
Mein Vater sagte nicht viel, nur, dass meine Schwester gestorben wäre, hätte es nicht der Zufall verhindert.
Roswita war aufgestanden, hatte sich auf der einen Seite aus dem Wagen gebeugt, dabei löste sich auf der anderen Seite das Halterungsgeschirr. Nun konnte sie aus eigener Kraft nicht mehr zurück und hing wohl eine ganze Weile kopfüber aus dem Wagen.
Es waren zwar die schmerzhaftesten Ohrfeigen meines Lebens, viel schlimmer dagegen war jedoch meine Scham ob meiner Leichtsinnigkeit und die Gedanken, was alles hätte passieren können.

55

Nun hatte ich für lange Zeit auf Spiel und Spaß zu verzichten, aber ich brauchte auch eine ganze Weile, bis ich über den Schrecken hinwegkam.

Von den Erwachsenen dachte wohl niemand darüber nach, dass ich selbst erst ein achtjähriges Kind war.

Meine kleine Schwester ließ ich nach diesem schlimmen Tag nie mehr allein. Aber einige Jahre später, als sie mein ständiger Begleiter wurde, wohin ich auch ging, da verfluchte ich sie schon öfter einmal. Auch meine Schulkameradinnen sahen es nicht gern, wenn ich Roswita ständig im Schlepptau hatte. Da waren noch zwei Mädchen aus meiner Klasse, an deren Rockzipfel eine kleine Schwester hing. Oft gab es deshalb Streit, aber geändert hat sich daran gar nichts.

Nach dem Krieg gab es überall sehr viel Arbeit, und die Eltern sahen keine andere Möglichkeit, als einen Teil der Verantwortung gegenüber den kleineren Kindern eben den älteren zu übertragen. Dass uns damit auch ein Stück kindliche Freiheit genommen wurde, das war ganz normal.

Ein zwölfjähriges Mädchen hatte mich nach Schulschluss aus dem Bettchen zu holen und mich bis zum Abend zu behalten, wie man die Kinderbetreuung damals nannte. Völlig durchnässt und erschöpft vom stundenlangen Weinen soll ich mich riesig gefreut haben, wenn mein „Kindermädchen" endlich kam. Meine Mutter arbeitete während des Krieges bei einem Bauern auf dem Feld, und für mich war keine Zeit übrig. Ich bekam als Kind sehr oft Anfälle, und das zwölfjährige Mädchen von damals erzählte mir, in welchen Nöten sie sich befand, wenn ich nach Luft rang und sie nicht wusste, was sie vor Angst mit mir machen sollte.

So begann wohl manches Leben nicht gerade glücklich.

Ich hoffe, dass solche traurigen Lebensgeschichten ein für alle Mal der Vergangenheit angehören mögen.

Während meiner zahlreichen Buchvorstellungen, bei denen ich vom Dorfleben vor ca. 50 Jahren erzählte, wurden mir wiederholt ähnliche Beispiele der Kinderbetreuung durch Geschwister genannt.

Es wurden vier Stühle zusammengebunden als unüberwindbares Gatter oder der große Spreukorb mußte im Stall als Aufbewahrungsobjekt herhalten. Aber in den meisten Fällen hatten die älteren Kinder die jüngeren zu beaufsichtigen. Sie bekamen damit eine Verantwortung aufgebürdet, der sie selten gewachsen waren. Ein guter Schutzengel war da wohl manchmal unentbehrlich.

Ich erinnere mich an einen erschreckenden Vorfall mit meiner kleinen Schwester. Mit dem Kinderwagen beteiligte ich mich an einem wilden

Unterwegs mit dem „Zwillingsglück" 1927. Die Geschwister Kolbe aus Gierstädt. Foto: I. Kolbe, Kleinfahner

Spiel hinter der Mühle auf einem schmalen Trampelpfad. Wir Kinder rannten um die Wette, ich sauste mit dem Wagen hinter der Meute her, kam ins Stolpern, fiel, und der Kinderwagen kippte auf die Seite. Roswita kullerte auch schon die Böschung hinab. Es war Sommer, und im Wagen lag keine Bettdecke, welche das Schwesterchen hätte aufhalten können. Wie gelähmt sah ich dem Geschehen zu, unfähig einzugreifen. Plötzlich blieb das Baby an einem winzigen Stock hängen, und ich stürzte zu meiner Schwester. Ich drückte das weinende Bündel fest an mich und schrie ebenso laut wie das kleine Etwas. Das Spiel war genauso plötzlich beendet, wie es spontan begann. Ich zitterte am ganzen Leib, als ich die Fassung mit meinen 8 Jahren wieder erlangte. Nicht vorstellbar, wenn meine Schwester nicht ganz knapp vor dem Wasser des Nessearmes zum Halten gekommen wäre. Ich hatte es übertrieben. Mutter erfuhr im ganzen Leben nie von diesem wilden Treiben, das beinahe ein ganz trauriges Ende bekommen hätte. Kinder sind eben nicht berechenbar, und schon gar nicht ein so wilder Feger, wie ich einer war!

Das Wasserrädchen

Wenn der Winter seine Kraft verloren hatte und die große Schneeschmelze einsetzte, führten alle Bäche und Gräben viel Wasser mit sich. Aus einem während des Sommers munter vor sich hinmurmelnden Bächlein konnte innerhalb kürzester Zeit ein regelrechter Sturzbach werden.

War jedoch nach einiger Zeit die größte Menge des Schmelzwassers in die Nesse abgeflossen, und hatten sich die Bäche wieder beruhigt, kam für uns Kinder die beste Zeit, ein Wasserrad zu bauen. Immer waren größere Jungen dabei, die in den Hosentaschen das dazu nötige Taschenmesser bei sich führten. Zuerst musste das Wasser durch einen Damm gestaut werden. Wir suchten dafür eine geeignete Stelle, wo schon die Natur einen kleinen Absatz im Bett des Baches geformt hatte. Über einen solch kleinen Absatz hüpfte das Wasser lustig hinweg.

Für das Fundament des Dammes wurden große Steine gebraucht, die wir dicht nebeneinander ins Wasser warfen. Um die Staumauer herum drückten wir derbe Äste in den Schlamm ein, es wurde ein Gerüst für Bau- und Dichtungsmaterial.

Mit dem Taschenmesser schnitten die Jungen große und kleine Rasenbatzen aus, aus denen zusammen mit Gras, Ästen und zähem Schlamm ein fester Damm entstand.

Jedes Kind bekam vom Geschicktesten der Jungen seine Aufgabe zugewiesen. Ich stand auf einem flachen, im Wasser liegenden Stein und verschmierte die immer wieder aufbrechenden Löcher der Staumauer mit schlammigen Händen. Dabei rutschte ich öfter ab, aber vor lauter Begeisterung bemerkte ich die nassen Füße vorerst nicht.

War dann endlich alles dicht, und hielt der Damm dem Wasserdruck stand, bohrten die Jungen ganz vorsichtig eine kleine Öffnung in die Mitte der Staumauer. Durch dieses kleine Loch schoss das Wasser mit ziemlicher Stärke.

Wassermühlen 1983 an „Schmieds Ecke" am Tüngedaer Harthwald. Gebaut von Werner und Frank Rockstuhl. Fotos: Harald Rockstuhl

Links und rechts des Wasserablaufs standen schon zwei Astgabeln im Bachgrund verankert. Längst hatte auch einer der Jungen ein Wasserrädchen zusammengebastelt. In der Mitte der Querachse steckten mehrere gleichlange, zu einem Rad ineinandergesteckte Holzstäbchen. Nun kam der große Moment, und das Wasserrädchen wurde für seinen Probelauf in die Astgabeln gehängt. Selten funktionierte es gleich auf Anhieb. Einmal saß das ganze Mühlwerk zu tief im Wasser, dann wieder zu hoch. Es kam auch vor, daß der Wasserdruck so stark war, dass er das Rädchen mit sich riß, und wir es schnell wieder einfangen mußten.

Bis alles richtig lief, und das Rädchen sich gleichmäßig in den Astgabeln drehte, war schon einiges Geschick nötig. Dann saßen wir im Gras und sahen dem munteren Spiel des Wasserrädchens zu. Alle zusammen waren wir stolz auf unser lustiges Bauwerk, auch wenn wir Mädchen dabei nur für Hilfsarbeiten verantwortlich waren.

Erst jetzt bemerkten wir, dass der Schlamm nicht nur an Schuhen und Strümpfen klebte. Aber es gab ja genug Wasser, und es war alles wieder so einigermaßen im Lot, als wir zu Hause ankamen.

Der Frühlingssonne fehlte aber noch die nötige Kraft, um unsere Sachen zu trocknen.

An den nassen Schuhen sah Mutter gleich, wo ich herkam. Aber schnell überreichte ich das erste winzige Veilchensträußchen, welches seine Wirkung nicht verfehlte.

59

Dämmerstunden

An die gemütlichen Dämmerstunden und Winterabende erinnere ich mich noch heute gern. Schon im späten Herbst, wenn die Tage kürzer wurden, begannen die Dämmerstunden in den Stuben. Es waren die Kriegs- und Nachkriegsjahre, die Zeiten der Stromsperren und der allgemeinen Sparsamkeit.

Sobald es draußen dämmrig wurde, das Vieh versorgt war, und das Abendbrot noch eine Weile Zeit hatte, fanden sich alle Familienmitglieder in der warmen Stube ein. Auch wenn keine Stromsperre war, wurde das Licht nicht eingeschaltet, Sparsamkeit und Besinnlichkeit waren stets Gäste solcher Abende. Während des Krieges stand in unserer Stube noch ein alter, eiserner Ofen, er wurde erst nach dem Krieg abgerissen und durch einen Kachelofen ersetzt. Dieser eiserne Ofen hatte drei Etagen. Auf der unteren konnte gekocht werden, und darüber lagen zwei Ofenröhren mit verzierten Türchen davor. In den Röhren stand ständig ein Wassertopf, darin war zu jeder Zeit warmes Wasser. Eine Teekanne oder Kaffeekanne mit Malzkaffee, war auch den ganzen Tag über (und auch nachts) mit einem warmen Getränk gefüllt. Ein eisernes Plättchen konnte zu jeder Zeit der Hausfrau helfen, wenn sie bügeln wollte. War die große Wäsche zu bügeln, waren zwei Plättchen hilfreich, weil stets der Wechsel die nötige Hitze hatte. Auch auf dem Küchenherd standen diese Utensilien, je nachdem, wo sich die Familie aufhielt.

In diesen Röhren brutzelten oft Bratäpfel, und ihr Duft machte es in der Stube erst so richtig gemütlich. Manchmal waren die Äpfel nicht zum Braten geeignet, dann zischte und dampfte der ausgelaufene Fruchtsaft aus der Röhre, brannte schnell fest auf dem heißen Blech. Weil auch die Wärmsteine in den Röhren aufgeheizt wurden, musste zuvor der eingebackene Apfelsaft ausgewaschen werden, sonst hätten die Wärmsteine die Betten geschwärzt. Diese Wärmsteine waren glatte Steine aus schwarzem Basalt, sie hielten ihre angestaute Wärme lange Zeit, manchmal waren sie frühmorgens noch lauwarm, wenn sie wieder aus den Betten genommen wurden.
Die Türchen vor den Röhren standen meist offen, auf ihnen hingen Taschentücher, Handschuhe, Mützen und Strümpfe zum Trocknen.
Nasse Taschentücher hingen nur bei Familien an den Türchen oder auf der Herdstange, wenn es in punkto Hygiene nicht so genau genommen wurde. Ich erinnere mich, dass es oft angesengt roch, weil wir es mit dem Trocknen immer eilig hatten und dabei manchem Handschuh einen ewigen braunen Sengfleck verpaßten. Auch den Geruch der getrockneten Handschuhe, die

zuvor vom Schnee durchnässt waren, habe ich noch heute in der Nase. Die Fauster verfilzten vom ständigen Schneewasser und anschließendem Ofentrocknen gar zu schnell.

Hinter dem Ofen lagen auf dem Wandvorsprung kleine Bündel Fidibusse. Das waren ganz dünne Holzspänchen, die zum Feueranzünden oder auch zum Anbrennen einer Tabakpfeife sehr geeignet waren. Manchmal hatten wir gar zu sehr „aufgeknallert", wie Mutter sagte, dann übertrug sich die Ofenhitze gefährlich auf die Fidibusbündel, und es roch in der Stube angenehm nach warmem Holz.

Wir Kinder saßen während der Dämmerstunden auf dem Kanapee und beobachteten die flackernden Feuerzeichen, die durch die geöffnete Ofentür tanzende Figuren an die Wand projizierten. Dehnten sich die Dämmerstunden aber gar zu lange aus, war es für uns auch manchmal ein bisschen langweilig, vor allem, wenn nicht viel gesprochen wurde und nur das leise Schnurren unserer Katze oder das Schnarchen von Mutter und Vater zu hören waren. In vielen Familien wurden während dieser besinnlichen Zeit Geschichten und Märchen erzählt, zumeist von den Großeltern. Solch glückliche Stunden habe ich leider nicht erlebt, dazu war unsere Mutter wohl nicht romantisch genug. Aber manchmal kam ein Nachbar oder ein Onkel zu uns, da wurde es interessant, und im Schein der dann angebrannten Petroleumlampe hätte ich noch stundenlang den Erzählungen lauschen wollen.

Nach dem Abendessen mussten wir nicht immer gleich ins Bett. Mutter holte den Strickstrumpf hervor, und Vater las zum x-tenmal die Zeitung. Mutter strickte Strümpfe am laufenden Band, sie trennte Socken wieder auf, strickte danach die Längen erneut vor und füllte damit alle Nachtschränkchen mit unangenehm kratzenden Strümpfen. Mutter konnte im Dunkeln stricken, dabei zum Fenster hinaussehen, sich unterhalten, selten fiel ihr eine Masche von der Nadel. Wenn sie aber beim Stricken der Ferse oder der Fußspitze zu zählen hatte, mussten wir mucksmäuschenstill sein, sonst waren wir schuld, wenn sie sich verzählt hatte. In schlechter Erinnerung ist mir das Wollewickeln geblieben. Dabei hatte ich das Bündel der Wollfäden auf meine ausgestreckten Arme zu legen und mit dem Fadenlauf ganz rhythmisch meine Hände zu bewegen. Bei meiner Schusseligkeit und Ungeduld dauerte es gar nicht lange, und die ersten Fäden fielen ungeordnet herunter. Anfangs bedachte mich Mutter nur mit einem grimmigen Blick, später konnte es schon mal eine Ohrfeige geben. Je mehr ich mich auch anstrengte und verkrampfte, um so schlechter hielten die verflixten Wollfäden hinter meinen Daumen. Wollewickeln war wirklich keine Wissenschaft, aber für mich blieb es ein rotes Tuch.

Nicht jeder Winterabend ging so unglücklich aus für mich, manchmal stand ein Topf mit süßem roten Wein und Nelken auf dem Ofen, dann freute auch ich mich auf ein kleines Becherchen Glühwein, nachdem ich so rundherum zufrieden einschlafen konnte.

Heute erinnert mich der würzige Geruch nach Glühwein und Nelken auf den Weihnachtsmärkten an jene Winterabende daheim. In meinen Erinnerungsbildern sehe ich auch noch die Stube vor unserem Schlafengehen vollgehängt mit nachtrocknenden Wäschestücken. Vom Boden hatte Mutter die Betttücher, Hemden und dicken Unterhosen geholt und über Tisch, Stühle, Kanapee, Nähmaschine und den Ofen gehängt. Nun glich unsere Stube einer durchstöberten Kleiderkammer, und dann spätestens war es mit der Gemütlichkeit vorbei.

Weißes Haar

Das Alter war ganz plötzlich da,
es kam fast über Nacht!
Es hat mich schneller eingeholt,
als ich zuvor gedacht.

Weiß ist mein Haar geworden
und faltig mein Gesicht,
doch seh' ich sehr viel klarer
mit schwachem Augenlicht.

Verstehe vieles deutlich,
und hör' ich noch so schlecht.
Ich bieg' die Altersschwächen
für mich etwas zurecht.

Ich lese zwischen Zeilen,
grad' dort, wo gar nichts steht.
's ist wohl des Lebens Weisheit,
die manchmal mit mir geht?

Mit neumodischen Dingen
tu' ich mich etwas schwer.
Oft halten dafür Träume
von alten Zeiten her.

Und hält für mich das Alter
noch Schmerzliches bereit,
findet sich auch dafür Trost.
Ich hoff' auf gute Zeit!

Die Großmutter

Unter einer Großmutter stellte man sich in früheren Jahren sicher etwas anderes vor als in der heutigen Zeit. Meine Erinnerungen an eine Großmutter vom Lande verbinden sich immer mit einer (zumeist) dunkel gekleideten, mit Kopftuch und langen Röcken umhüllten, alten Frau, gebückt einhergehend, mit krummem Rücken und auf einen Stock gestützt. Ihre Haare trug sie streng nach hinten gekämmt und zu einem Knoten zusammengesteckt. Oft waren diese alten Frauen vom Lande nicht sehr vermögend. Sie hatten zwar viel und vor allem hart arbeiten müssen, wovon sie ihren krummen Rücken bekamen, aber zu großem Reichtum waren sie nicht gekommen. Weil es ihnen am Geld für den Ersatz fehlender Zähne mangelte, mussten die alten Mütterchen oft ohne sie auskommen...

Aber die Erscheinung einer Großmutter konnte auch Ruhe, Zufriedenheit und Güte ausstrahlen. Das, was eine solche Frau ausmachte, kann ich selbst nur ganz vage beschreiben, da ich selbst niemals das Glück hatte, mit einer Großmutter zusammen ein Stück des Lebens zu gehen.

Meine Großmutter väterlicherseits verstarb sehr früh, und die andere Oma wohnte weit weg, so dass sie mir trotz einiger Besuche während der Schulferien doch relativ fremd blieb.

In den Nachkriegsjahren dominierte auf dem Dorfe noch die Großfa-

„Die Großmutter". Foto: Anni Hörnlein, Kleinfahner

63

milie. Einer war vom anderen abhängig, und gegenseitige Rücksichtnahme war eine Voraussetzung für ein intaktes Familienleben. Sicherlich gab es in einem solchen Miteinander auch Zank und Streit, aber für ein heranwachsendes Kind überwog wohl das Glücksgefühl, in einer Gemeinschaft geborgen zu sein. So sorgte sich eine Großmutter um die Enkel, und die Eltern des Kindes konnten getrost ihrer Arbeit nachgehen. Später, wenn die eigenen Kräfte aufgezehrt waren, konnte sich eine Großmutter darauf verlassen, von den Kindern und Enkeln liebevoll gepflegt zu werden. Das war eine nie ausgesprochene Selbstverständlichkeit, denn ein Altenpflegeheim für Dorfbewohner gab es nicht.

Ich war fast ein bisschen neidisch auf jene Kinder, die zu Hause eine Großmutter und zumeist auch noch einen Großvater dazu hatten. Wie sehr hätte ich mir eine Oma gewünscht, die mir Märchen oder

Tante Elly und Oma Mathilde Stallknecht in Kammerforst.
Sammlung: Walter Kley

Geschichten vorgelesen hätte, und sicher erzählten die Großmütter auch interessante Episoden aus ihrem Leben und halfen den Enkeln mit vielen gutgemeinten Ratschlägen.

Die Großmütter versorgten auch das Kleinvieh und zogen es auf. Sie hatten dabei eine glückliche Hand, wie man sagte. Auch überlieferte, alte Handarbeiten und Fingerfertigkeiten gaben sie an ihre Enkel weiter. Das geschah auf eine ruhige Art und Weise, weil die älteren Leute sich nicht mehr von der Hektik der Zeit treiben ließen. Abgesehen davon, dass eine Großmutter viele kleine Arbeiten erledigte, die ich an ihrer Stelle bewältigen musste, hätte ich doch auch zu gern einmal auf dem Schoß einer gütigen und liebevollen Oma gesessen und mich an sie gekuschelt. Sie hätte mir am Morgen meine Haare kämmen und ein Frühstücksbrot für die Schulpausen schmieren können, stattdessen war ich als Kind auf die Hilfe guter Nachbarinnen angewiesen.

Aus Erzählungen weiß ich, dass Großmütter ihre Enkel pflegten, wenn sie krank im Bett lagen. Sie brachten ihnen heilenden Tee, machten heiße und kalte Umschläge, wischten den fiebrigen Schweiß von der Kinderstirn, kochten ihren Lieblingen das Lieblingsessen oder saßen nur einfach am Bett und hielten tröstend die Hand.

Fast alle meine Schulkameradinnen und Schulkameraden hatten eine solche liebe Oma zu Hause. Sie hielt die Stube warm, sorgte für ein ordentliches Mittagessen und konnte vor allen Dingen zuhören, wenn ihre Enkel Freuden und kleine Sorgen mitteilten. Diese Kinder konnten sich bei einer Großmutter geborgen fühlen. Die Omas erfüllten nicht nur kleine Wünsche, sie unterstützten die Erziehungsarbeit der Eltern und hielten während deren Abwesenheit ihre schützende Hand über die Sprösslinge.

So war eine Großmutter oft der erste Anlaufpunkt bei kindlichen Sorgen. Kinder, welche unter der Fürsorge von Großeltern aufwuchsen, fühlten sich sicher, nie hilflos und alleingelassen. Dieses Gefühl ist eine wichtige Erfahrung im Leben eines Kindes.

Wenn ich heute meinen Mann von seinen lieben Großmüttern erzählen höre, spüre ich, was mir in meiner Kindheit an Wärme und Geborgenheit verlorengegangen ist.

Hasen auf dem Gehöft von Werner Rockstuhl 1986 in Tüngeda. Auf dem Foto von links nach rechts Heidi Rockstuhl und die Omas Dora Bischoff und Herta Kühn. Foto: Harald Rockstuhl

Der Dorfteich

Wir nannten den Dorfteich Schenkspfütze, denn er hatte seinen Platz vor der Gemeindeschenke. In meiner Erinnerung sehe ich unseren Dorfteich deutlich zu allen Jahreszeiten vor mir; dick zugefroren in den Wintermonaten, übervoll im Frühling, wenn das Schmelzwasser in den Teich drängte, von allerlei Geflügel bevölkert in den Sommermonaten und still, dunkel und unergründlich im Herbst.

Obwohl die Schenkspfütze vom Überlauf des nahegelegenen Heedborn gespeist wurde, hatte sich das ehemals saubere Quellwasser doch ziemlich getrübt, aber dafür gab es vielerlei Gründe. Auf jeden Fall machte die Pfütze ihrem Namen alle Ehre.

Von der Schwemme oder Schnepfe her war sie offen, aber rundherum eingefasst mit festem Rand aus groben, gehauenen Steinen. Ebenfalls aus gehauenem Stein bestanden die kurzen Pfeiler, welche schwache Holzrollen als Umzäunung hielten. Innerhalb dieser Begrenzung gab es auf dem Uferrand noch genügend Platz für ein übermütiges Kaschen *[Hasche-Fangespiel]*, wobei schon eine kleine Unachtsamkeit oder ein Ausrutscher ein unfreiwilliges Bad zur Folge haben konnte.

Ich gehörte glücklicherweise nicht zu den Unglücksraben, die triefend nass aus der Pfütze gezogen wurden. Diesen Umstand verdankte ich wohl eher meinem Glück als meiner Geschicklichkeit.

So ein unfreiwilliger Badegang machte im Dorf schnell die Runde, und fortan wurde der Betroffene einige Tage an den Spielplätzen nicht gesehen. Den Grund dafür kannten nicht nur diejenigen, die fast jährlich zu den Rausgefischten zählten. Aber ernsthaften Schaden nahm dabei niemand, von einer handfesten Erkältung einmal abgesehen.

Freiwillig badeten nur ganz Verwegene an der tiefsten Stelle des Teiches, wonach allerdings eine anschließende Säuberung nötig wurde. Großen Anteil an der Wasserverschmutzung hatten die stets ausgiebig badenden Gänse, deren ausgefallene Federn auf dem Wasser schwammen oder um die Pfütze verstreut herumlagen. Umsiedlerfrauen, welche durch den Krieg all ihr Hab und Gut verloren hatten, sah ich oft beim Federnsammeln. Manchmal half ich einer alten Frau, wenn ich bemerkte, dass ihr das Bücken schwerfiel.

Aber auf dem Wasser schwammen nicht nur die Gänse, auch erlechte *[erlecht = eingetrocknet, dadurch undicht geworden]* Jauchefässer, deren Ritze wieder verquellen sollten.

Alle helfen mit den Dorfteich zu säubern. Gehilfen beim Schwemmfegen.
Foto: H. Kalensee, Tröchtelborn

Allerlei Unsinn trieben die Jungen auf diesen Fässern, sie saßen breitbeinig darauf und ließen sich treiben, bis durch gar zuviel Bewegung ein Abstieg ins Wasser nicht mehr zu verhindern war.

Mancher Bauer schob seinen alten Ackerwagen ein Stück weit in die Schenkspfütze, um die klapprig gewordenen Räder wieder fest zu verquellen. Es war der letzte Versuch, den Wagen noch einen weiteren Sommer in Gebrauch zu nehmen.
Die Pfütze bot viele Gelegenheiten, Holzteile wieder dicht werden zu lassen, und so schwamm manchmal selbst ein großer Bottich auf ihr herum. Auch da konnten die Jungen nicht einfach so vorbeigehen, ohne eine Kahnfahrt zu versuchen, und oft endete dieser Spaß mit nassen Hosen.
Wenn einem Bauer das Begießen der Strohseile zu mühsam war, stellte er die Bündel einfach in die Schnepfe und ließ das Wasser einziehen. Je nach Wassertemperatur war es auch möglich, die Fesseln und Beine der Pferde in der Schnepfe zu säubern, daher auch der Name „Pferdeschwemme".

Einige etwa 4 m lange Fichtenstämme quirlten ebenfalls in der Pfütze herum. Aus ihnen waren Holzrohre entstanden, die für den Brunnenbau benötigt

Es wird gefeiert, ca. 1952. Foto: H. Kalensee, Tröchtelborn

Schwemmfegearbeiten am Dorfteich ca. 1948. Foto: H. Kalensee, Tröchtelborn

wurden. Mit einem langen Holzbohrer wurden sie mittels Verlängerungsgestänge ausgebohrt, und danach konnte nur ständige Feuchtigkeit ein Reißen des Holzes verhindern. Oft lagen diese Rohre so lange im Wasser, bis ihre Oberfläche vom Algenbewuchs grün und glitschig war.

Im Herbst hingen dicke Kartoffelsäcke zum Trocknen auf dem Holzgeländer. Bäuerinnen hatten sie in der Schenkspfütze gewaschen oder zumindest den gröbsten Dreck aus ihnen herausgestaucht. Nicht zuletzt diente die Schenkspfütze der Freiwilligen Feuerwehr als Löschteich. Gottlob kam es während meiner Kindheit niemals zu einem Einsatz der Wehr, obwohl während der häufigen Stromsperren fast täglich mit brennenden Stearinkerzen, Petroleumlampen und Stalllaternen umgegangen wurde. Auch das Befördern von Glut auf der Kohlenschaufel aus einer Feuerstelle in die andere war damals gang und gäbe, und das Trocknen des Holzes hinter dem Ofen oder in der Ofenröhre wurde ebenfalls in jedem Haushalt praktiziert.

Die Feuerwehrschläuche saugten das Schenkspfützenwasser lediglich zu Übungszwecken an, für uns Kinder war es allemal ein aufregendes Spektakel. Einen schadenfrohen Spaß gab es für die Dorfbewohner, wenn im Spätherbst zur Kirmse das schon sehr kalte Wasser als Ausnüchterungsmittel für betrunkene und aus der Reihe tanzende Kirmesburschen benutzt wurde.

So war die Schenkspfütze zu allen Jahreszeiten ein magischer Anziehungspunkt in unserem Dorf.

Schon im Frühjahr hockten wir Kinder am flachen Wasser der Schnepfe und stocherten mit Stöckchen im Schlamm herum. Heimlich zogen wir schon mal Schuhe und Strümpfe aus und probierten, ob es denn bald für ein Beinebaumeln warm genug wäre.

Aber spätestens, wenn ich einen Blutegel sah, zog ich die Schuhe schnell wieder an. Von den Jungen hatte ich gehört, dass sie sich festbeißen und einem das Blut aussaugen würden. Jedesmal, wenn ich auch nur den kleinen Finger ins Wasser steckte, sah ich nach, ob sich auch ja kein so glitschiger Egel festgebissen hatte.

Sehr viel später, als mir in einer Klinik wegen einer schweren Thrombose Blutegel am Bein angesetzt wurden, kam mir die alte Schenkspfütze wieder in den Sinn. Nun erst wusste ich, wie nützlich diese kleinen Tierchen sein konnten, aber dennoch ließ ich ihre Hilfe nur widerwillig zu.

In der Schnepfe landeten auch die im Herbst ins Wasser gefallenen Kastanien, mit denen wir Kinder spielten. Vom langen Schwimmen waren sie ganz schwarz gefärbt, und aus ihnen floss eine weiße eigenartig riechende Brühe, wenn wir sie zertraten.

Um 1960 am Dorfteich Molschleben – Kinder an der Schenkspfütze.
Sammlung: Anneliese Hopf, Molschleben

Karl Braun, Egon Kollatz und Frau Helene; Thekla Kaumann und Anna Kollatz bei
der Schenkspfütze. Sammlung: Anneliese Hopf, Molschleben

Am hinteren Ende der Schenkspfütze standen zwei Kastanien und sonntags saßen oft Mädchengruppen auf dem Pfützengeländer im Schatten der Bäume. Den größten Teil des Kastanienlaubes fing die Pfütze auf, die Blätter faulten und sanken auf den Teichgrund.

Ich entsinne mich, dass einmal dieser ganze Schlamm aufgeladen und herausgefahren wurde. Über dem ganzen Dorf lag ein penetranter Gestank. Es war sicher ein normaler Geruch für so viel angesammelten Dreck, aber ich war froh, als er wieder verflogen war.

In manchen Dörfern beteiligten sich alle Einwohner an der Schwemmfege *[Schwemmfege = Teichgrund säubern]*, und nach getaner Arbeit wurde ein bescheidenes Schwemmfegefest gefeiert.

Der ausgelassene Spaß begann für uns Kinder eigentlich erst richtig, wenn der Winter mit seinen kalten Nächten eine Eisdecke auf das Wasser gezaubert hatte. Nun wurde ein unfreiwilliges Bad bei brechendem Eis schon gefährlicher. Aber manche Jungen konnten einfach die Zeit nicht abwarten, sie brachen ein und sind aus ihrem Schaden für's nächste Mal sicher klüger geworden.

War die Schenkspfütze dann dick genug gefroren, hatte die Eisfläche im wahrsten Sinne des Wortes ein ziemliches Gewicht an tobenden Kindern zu tragen. Über den dazugehörenden Radau regte sich zur damaligen Zeit niemand auf.

Schnell hatten die großen Jungen eine lange, spiegelglatten Glännerbahn geschliffen. Ich sah gerne zu, wenn sie so leichtfüßig von einem Ende zum anderen schlitterten, mir fehlten aber zum Nachmachen Mut und Geschick. Etliche Jungen trugen die Holzschuhe vom Vater oder Holzschlumpen (Pantoffeln). Mit hölzernen Sohlen ließ es ich ganz besonders gut rutschen. Schnell holte ich meine Holzschlumpen von zu Hause. Kaum hatte ich damit jedoch die Eisfläche betreten, glitten sie mir vom Fuß, und ich landete mit derbem Aufsatz auf meinem Hosenboden. Es tat ganz schön weh, und ich konnte die schadenfrohen Lacher nicht verstehen. Die Jungen spielten indes Fußball mit meinen Pantoffeln, und ich hatte Mühe, sie überhaupt wieder zu bekommen. Daheim donnerte ich sie vor Wut über meine Ungeschicklichkeit in die Ecke, obwohl die Winter auch für den Ungeschicktesten lang genug waren, sich einige Kniffe und Tricks anzueignen.

Eines Tages bildeten sich Risse im Eis, nun gehörte die Schenkspfütze den besonders Wagemutigen. Das Schollenspringen verlangte nicht nur Geschick, es gehörte auch einiger Mut dazu. Mit anderen Mädchen stand ich dabei oft am Geländer und sah den verrückten Jungen zu. Sie sprangen nicht so einfach von einer Eisscholle auf die andere! Mit starken rhythmischen Bewegungen brachten die Jungen die schweren Platten zum Schwingen, dabei schwappte das Eiswasser über Schuhe und Hosen. Nicht selten rutschte einer dieser Wagemutigen ab und glitt in die eisige Brühe. Seine Freunde halfen ihm schnell heraus, aber der Schreck darüber ließ sie das derbe Spiel für eine Weile unterbrechen. Der triefend nasse Unglücksvogel druckste dann nach Hause mit der sicheren Gewissheit dessen, was ihm dort bevorstand.

Einem jeden Kind war das Schollenspringen verboten, und eine Missachtung des Verbots mit sichtbaren Folgen war nicht nur mit einer Moralpredigt abgetan. Da gab es vielleicht noch den eiskalten Hintern versohlt, beim Ausziehen ein nicht endendes Donnerwetter und einen knallharten Stubenarrest. Der war sicher nötig, denn nicht alle Kinder besaßen Hosen und Schuhe zum Wechseln. Aber nasse Klamotten waren noch nicht das Schlimmste! Schollenreiten konnte auch böse ausgehen, wenn man zwischen die schweren Eisblöcke geriet.

Im Bett durfte dann, mit viel heißem Tee im Bauch und einem noch lange zwiebelnden Hintern, über die Moralpredigt nachgedacht werden.

In unserem Dorf gab es, vor allem unter den Umsiedlern, kinderreiche Familien mit einem großen Anteil Jungen. Ich mag mir die Nöte einer solchen Mutter gar nicht vorstellen, wenn ein Kind nach dem anderen derart aufgeweicht nach Hause kam. Sie hatten nicht nur die schlechteste Winterausrüstung, was die Kleidung betraf, es gab meist auch keinen Kachelofen, der all das nasse Zeug wieder getrocknet hätte. Die vollgesaugten, ohnehin von minderer Qualität gearbeiteten Schuhe verloren schnell ihre Fasson, auch wenn sie mit saugfähiger Zeitung ausgestopft wurden. Leder durfte nicht direkt am Ofen getrocknet werden, sonst wurde es knüppelhart. So kam es, dass auch ich am anderen Morgen mit feuchten Schuhen in die Schule ging, das Resultat waren Frostflecke.

Ich erinnere mich auch daran, dass es nicht wenige Jungen gab, die gar keine langen Hosen besaßen. Lange Strümpfe mussten als Ersatz herhalten. Am oberen Ende war entweder seitlich ein Knopf angenäht, und ein eingehakter Strumpfhalter zerrte ein Strumpfende einseitig nach oben, oder ein Gummiring diente als Halterung. Entweder saß der enge Gummiring zu straff, dass eine blaue Druckrille das Blut erstarren ließ, oder der Gummi war dermaßen ausgeleiert, dass er ständig herunterrutschte. In beiden Fällen zeigte sich ein Stück unbedeckter Oberschenkel, der von der Kälte bläulich gefärbt und dessen Haut manchmal sogar aufgeplatzt war.

Anna Kollatz, Thekla Kaufmann und Kinder an der Molschleber Schenkspfütze.
Sammlung: Anneliese Hopf, Molschleben

Ich besaß eine lange Hose, Mutter hatte sie aus einer derben, kratzenden Wolldecke schneidern lassen. Ich musste oft breitbeinig gehen, weil der Rand zwischen Strumpfende und Unterhosenansatz total entzündet war. Vergessen kann man solche Kindheitserinnerungen sicher nicht, aber trotz aller Unbilden tobten alle Kinder gleichermaßen auf Schnee und Eis. Eine kratzende oder gar fehlende lange Hose, oder quälende Frostflecke, waren für uns kein Grund, in der Stube hocken zu bleiben.

Ich glaube, wir alle brauchten diese Art Fröhlichkeit. Sie half uns, die schwere Zeit besser zu überstehen.

Etwas wehmütig stehe ich in meinem heutigen Wohnort am zugefrorenen Dorfteich und beobachte die Kinder, wenn sie sich mit Schlittschuhen auf dem Eis vergnügen. Abends spielen die Jugendlichen bei Flutlicht Eishockey. Im Sommer blühen auf dem Dorfteich die herrlichsten Seerosen, und ein Froschkonzert begleitet die Sommernächte.

Unsere Schenkspfütze in meinem Heimatort gehört zu den Stätten, die aus meinen Kindheitserinnerungen der Kriegs- und Nachkriegszeit nicht wegzudenken ist. Sie prägte damals das Dorfbild entscheidend mit, bis sie zugeschüttet wurde...

73

Die Kahnfahrt

Die Wassermühle mit ihrem riesigen Wasserrad lag an einem Seitenarm der Nesse. Zu einem besonderen Vergnügen zählte eine Kahnfahrt auf diesem kleinen Flüßchen. Einen kleinen Kahn besaß der Wassermüller, und dessen Tochter war unsere Schulkameradin.

An manchen Sonntagen löcherten wir unsere Freundin so lange, bis ihre Eltern den Kahn herausrückten. Für uns Kinder war das immer ein ganz außergewöhnlicher Sonntag. Wir nahmen alle im Kahn Platz, und die Kräftigsten mussten paddeln. Ich hatte zwar stets eine große Klappe, stiftete die meisten Dummheiten an und übernahm gern das Kommando, kräftemäßig lag ich jedoch an vorletzter Stelle. Ich hatte mich also bei einer Kahnfahrt unterzuordnen.

Rechts und links des Baches befanden sich Gärten. Ein jeder Garten hatte eine Wasserschöpfstelle, an welcher man vom Flüßchen aus in das Innere des Gartens sehen konnte.

An der letzten Schöpfstelle entdeckten wir ein schmusendes Liebespärchen auf einer Decke liegend. Sofort war unsere Neugier geweckt. Die beiden waren ja fast nackt, zur damaligen Zeit eine Sensation. Ich persönlich hatte mit meinen dreizehn Jahren noch nie einen Büstenhalter gesehen. Nicht nur meine Mutter, die meisten Bäuerinnen kamen ohne dieses Geschirr aus. Auch, was ein Bikini war, das wusste keine von uns Mädchen. Bei unserer Kahnfahrt waren sogar Fünfzehnjährige dabei, aber für alle war es ein völlig überraschendes Bild. Das sich jemand traute, so nackt herumzulaufen, war schon ein ziemliches Wagnis in unserem Dorf.

Wir hielten den Kahn an, belästerten und verlachten das Pärchen, bis es beiden zu bunt wurde.

Als sie wütend auf uns zukamen, waren wir mit ein paar kräftigen Paddelschlägen schnell außer Reichweite. Das Kichern und Lästern nahm kein Ende, dabei bedachte niemand, dass wir auf der Rücktour wieder an der bewussten Schöpfstelle vorbei mussten.

Und so kam es dann, dass uns die leicht bekleidete Eva schon hinter einem Busch erwartete. Sie stand im Wasser, packte das Kahnende, und ein paar wuchtige Bewegungen ließen uns ganz kleinlaut werden. Der Schlamm hatte das aufgewühlte Wasser dunkel gefärbt.

So mutig kamen wir uns gar nicht mehr vor, und meine große Klappe beschränkte sich auf ein wehleidiges Gejammere, als ich kurz danach auf der Nessebrücke saß und mit den letzten Sonnenstrahlen meine Schuhe und Strümpfe zu trocknen versuchte. Die weißen handgestrickten Kniestrümpfe

74

Hainaer Wassermühle an der Nesse 1931. Foto: Oskar Dorn, Friedrichswerth

hatten ihre Farbe eingebüßt, im Zopfmuster steckte allerlei Dreck. Die Schuhe gehörten im vorigen Sommer noch meinem Bruder, nun waren sie ihm zu klein geworden und mir um einige Nummern zu groß.

Die Spitze war mit Zeitung ausgestopft, die Schnallen bis ins letzte Loch gezogen, aber dennoch schöpften sie wie Elbkähne. Nun war das dicke Leder dunkel gefärbt, weil es sich mit Wasser voll gesaugt hatte. So stark konnten die Sonnenstrahlen gar nicht sein, um das alles wieder in Ordnung zu bringen. Ich traute mich nicht nach Hause, denn was mich dort erwartete, kannte ich von ähnlichen Missgeschicken. Eine Kahnfahrt fand ich gar nicht mehr so toll, und ein halb nacktes Liebespärchen zu beobachten, hatte seinen Reiz schnell verloren.

Aber es half alles Jammern nichts, ich konnte ja nicht auf der Nessebrücke übernachten.

So hatte eben alles seinen Preis.

Mein Preis waren ein paar Maulschellen, die sich gewaschen hatten, und Stubenarrest.

Unsere Müllerstochter hatte auf jeden Fall eine Weile Ruhe vor unseren Drängeleien.

Die reisenden Händler

Bei uns hießen sie „Die Reesnengr". Diese fliegenden Händler oder Handelsreisenden belieferten mit ihren Waren das ganze Dorf. Mit der Zeit hatten sich aber die meisten von ihnen eine Stammkundschaft aufgebaut. Vor meiner Zeit kamen diese Handelsleute noch mit einem Reff *[Reff =Tragegestell für Waren auf dem Rücken]* in die Dörfer, auf denen sie die anzubietende Ware aufgebunden hatten.

So ein hölzernes Tragegestell habe ich nur noch ganz vage in Erinnerung. Aber an einen Verkäufer mit einem Bauchladen kann ich mich noch entsinnen. Ein hölzerner Kasten war es, der an einem Riemen um den Hals des Mannes hing. In diesem Bauchladen lagen Haarspangen, Klemmen, Klammernadeln, Nadelbriefchen, Haarkämme, Gummiband, Zopfhalter, Tütchen mit Haarnetzen, Strumpfhalter, Schnürsenkel, Schuhriemen, Broschen und Päppchen mit Wäscheknöpfen.

Ich weiß noch, dass ich meine Mutter bettelte, mir eine kleine Brosche mit glitzernden Steinchen zu kaufen. Aber für solchen Geikelmannskram *[Geikelmannskram = Spaßmacher, Possenreißer]* würde kein Geld ausgegeben, waren Mutters bestimmende Worte damals.

Die fliegenden Händler besaßen allesamt eine überzeugende Redegewandtheit. Sie redeten unaufhörlich, um ihren Kram an den Mann zu bringen. Ihr lebhaftes Schwadronieren regte die Hausfrauen oft schneller zum Kauf an, als die augenscheinliche Qualität ihrer Produkte.

Ich erinnere mich an einen Bürstenhändler, der Besen, Bürsten und Pinsel in allen Variationen feilbot. Wenn man seinen Worten Glauben schenken konnte, waren in seinen Produkten nur die edelsten Materialien verwendet worden, und die Arbeit würde von ihnen fast ohne unser Zutun erledigt.

Zu meinem Bild der Handelsreisenden gehören auch die „Holbeiner". So nannten wir im Dorf die mit Textilien handelnden Gebrüder Holbein. Sie trugen stets grüne Anzüge, im Winter grüne

Fototermin vor dem alten Bauernhaus.
Foto: Andre Wagner, Molschleben

Joppen. Soweit ich mich erinnern kann, trugen sie kein Reff mehr, sondern einen vollgepackten Rucksack und ein oder sogar zwei Koffer. Die Jüngsten waren sie auch nicht mehr, dafür aber im Dorf bestens bekannt. Sie duzten die meisten Hausfrauen und bekamen bei ganz besonderen Stammkunden ein Frühstück oder ein Mittagessen angeboten.

Strickjacken, Strümpfe, Unterwäsche, Wolle und Pullover in allen Größen und Preislagen boten die „Holbeiner" zum Kauf. Wenn sie an einem Tag nicht schafften alle Kunden aufzusuchen, denn auch ein ausgedehntes Schwätzchen über Gott und die Welt gehörte dazu, übernachteten sie im Gasthof.

Der Buckelapotheker „Wacholder-Edmund" brachte Wacholderbeeren für den Braten, und die „Wällerfrauen" (Waldfrauen) Kamillensträuße ins Dorf. Dann musste ich Mutter Bescheid sagen, denn meist waren die Kamillensträußchen schnell verkauft. Und gebraucht wurde die echte Kamille in allen Haushalten.

Im Sommer kamen die „Blaubeerweiber" aus dem Thüringer Wald. Sie trugen Eimer voll köstlicher Beeren in die Küchen der Bäuerinnen. Mit einem Nößel maßen sie die gekaufte Menge Heidelbeeren ab. Auch Mutter gehörte zu ihren Stammkunden. Für mich war es immer ein Freudentag, wenn sie kamen, denn nicht alle Beeren wurden für den Winter eingekocht. Eine Untertasse voll Blaubeeren, mit Zucker überstreut, durfte ich immer kosten. Danach ging ich ganz stolz hinaus zu den anderen Kindern, um ihnen meine blauen Lippen zu zeigen, aber auch sie trugen schon die Zeichen vom Blaubeernaschen.

Am anderen Tag wurde selbstverständlich ein saftiger Blaubeerkuchen gebacken.

Auch der „Salzmann" kam mit seinem Pferdewagen und seiner großen Bimmel in unser Dorf. Er brachte vor allem Viehsalz zu den Bauern. Vor dem Krieg zog ein Heringsverkäufer durch die Gassen. Auch einen „Ölmann" hat es gegeben, der die Haushalte mit allerlei Öl versorgte. Eine besondere Attraktion für die Dorfkinder war „PAPA NIGRIN", ein Vertreter von Markenschuhcreme. Er lief auf Stelzen und hatte ein Schornsteinfegerkostüm an. Die Kinder freuten sich über diese Werbefigur und zogen hinter ihm her.

Auch durch den Krieg verschwanden viele Handelsreisende, die allen Dorfbewohnern durch ihre besondere Erscheinung und ihre Markenzeichen bekannt waren.

Nach dem Krieg erinnere ich mich an einen „Küchenpappl" *[Küchenpappl = dörflicher Spitzname]* er verkaufte emaillierte Küchengeräte an die Hausfrauen.

Ich sehe noch seine Waren, braun-emaillierte Durchschläge, Kasserollen und Trichter, kleine Eimerchen und Bräutchen *[Bräutchen = Henkeltopf]*, auch Kaffeekannen, Feldflaschen und Kaffeetöpfe.

Einige dieser Gegenstände halte ich heute noch in Ehren, in Erinnerung an diese Zeit.

Kein reisender Händler, aber ein Anbieter von Dienstleistung war der Holzschneider. Ich sah ihn oft mit seinem kleinen schwarzen Auto durch die Gassen fahren. Die meisten Bauern sägten zwar im Winter ihr Holz mit der Handsäge auf dem Sägebock, wer aber eine größere Menge Holz liegen hatte, engagierte den Holzschneider. Der war von vornherein schlecht gelaunt, wenn es sich bei seinem Auftrag um Bauholz oder Stockenholz handelte. Wegen der eingeschlagenen Nägel oder eingeklemmten Steinchen fürchtete er um seine Sägeblätter. Die Sägeblätter hingen in allen Varianten auf seinem Auto und gehörten zu seinem unverkennbaren Markenzeichen.

So zählten die „Reesnengr" oder reisenden Händler zu einem Berufsstand, der einen guten Kontakt zu den Dorfbewohnern hatte. Sie versorgten die Landbevölkerung nicht nur mit Waren aller Art, sondern auch mit dem neuesten Klatsch aus den Nachbarorten.

Veilchenwasser

Der Frühling brachte uns nicht nur die Sonne und ihre Wärme zurück, sondern auch all die bunten Blumen, auf welche wir im Winter ganz und gar verzichten mussten.

Die Schneeglöckchen und Veilchen waren die ersten Boten des Frühlings, dann kamen die Gänseblümchen, Vergißmeinnicht, Butterblumen, Wasserlilien, Margeriten, der Klatschmohn und das Zittergras. Auch die Maiglöckchen pflückten wir im Wald. Auf dem Heimweg steckten wir immer wieder die Nase in den Strauß und konnten gar nicht genug bekommen von diesem süßlichen Maiglöckchenduft.

Wenn sich auch vieles in der Natur verändert hat, so haben doch die Blumen ihren eigenen, arttypischen Duft behalten. Und eben dieser hat sich in meiner Erinnerung so festgesetzt, daß er mich oft in meine Kindheit zurückträumen lässt.

Gerade die wildblühenden Blumen waren es, die eine ganz besondere Freude bringen konnten. Wir Kinder pflückten sie nicht nur zu feierlichen Anlässen, auch einfach so aus dem Gefühl heraus, um der Mutter eine kleine Freude zu machen. Und die Mütter und Großmütter wussten diese einfache Geste zu schätzen, brachten doch die Feld- und Wiesenblumen etwas Farbe in das allzu dunkle Grau des Alltags.

Wenn ich zurückdenke, sehe ich die Bachufer blau von Veilchen, eine Wiese gelb überzogen von blühenden Schlüsselblumen und an Feldwegen und Chausseegräben große Teppiche weißer Margeriten. Der Klatschmohn färbte die Felder rot, und an den Feldrainen standen Wegwarte und blaue Kornblumen. Alle Rasen- und Grasflächen waren übersät mit kleinen Gänseblümchen. In der Nesse ragten im Sommer viele gelben Lilien aus dem Wasser, und wir kannten die Fleckchen, wo das blaue Vergißmeinnicht wuchs. Das eher unscheinbar, aber sehr attraktiv wirkende Zittergras pflückten wir als winterliche Trockensträuße.

Keine der Blumenarten litt darunter, wenn wir ein paar von ihnen abpflückten. Sie starben viel später, als künstliche Spritz- und Düngemittel und andere Umweltgifte ihnen zusetzten.

Ich glaube, dass allen Kindern der überlieferte Lehrspruch bekannt war: „Abgerissen, weggeschmissen – will der liebe Gott nicht wissen!" Immer, wenn Blumen von einem Kind gepflückt und danach achtlos weggeworfen wurden, kam der Spruch wie aus der Pistole geschossen aus einem Kindermund. Ich weiß noch, dass ich ganz traurig war, wenn sich die Blumen in der Vase nicht gleich erholten, weil sie so lange in der Hand getragen wurden. Besser erging es den Veilchen, sie erhoben ihre Köpfchen schnell, weil sie auf einer Untertasse ganz und gar im Wasser lagen. Vasen besaßen wir nur wenige, und so kleine schon gar nicht.

In meiner Kindheit gab es außer den Blumen und den Blüten der Sträucher wenig Dinge, welche einen angenehmen oder gar einen betörenden Duft ausgeströmt hätten. Die damalige Seife roch sehr dezent, wenn nicht sogar unangenehm, Parfüm war ein Luxus, der nicht nur mir allein völlig fremd schien. Die im Haushalt und bei der Wäsche äußerst sparsam verwendeten Reinigungsmittel vermochten auch nicht gerade unsere Nasen zu verwöhnen. Bestenfalls roch es beim Herrenfriseur des Ortes nach Duftwässerchen und Brillantine, einer Haarcreme. Schon beim Öffnen der Haustür zum Friseurladen schlug einem das Duftgemisch entgegen, welches mir unvergeßlich blieb.

Aber auch in unserem Dorf gab es einige Damen, von denen ein äußerst angenehmer Duft ausging. Sie waren allesamt gepflegte Erscheinungen und fielen damals, bewusst oder unbewusst, etwas aus dem dörflichen Rahmen. In besonderer Erinnerung diesbezüglich blieb mir eine Deutschlehrerin. Jedesmal, wenn sie an meiner Schulbank vorbeiging, lenkte mich die ihr nachfolgende feine Duftwolke vom Unterricht ab.
In der Schule hatten wir davon gehört, dass Parfüm aus den Essenzen bestimmter, stark riechender Blütenblätter, wie Veilchen oder Rosen,

Feldrast im Herbst, Fam. Werner. Foto: Chr. Starke, Molschleben

hergestellt wird. Weil ein solch kleines begehrtes Fläschchen für uns auf keine Weise zu haben war, wollten wir selbst versuchen, dieses Veilchenparfüm herzustellen.

Zusammen mit einigen Schulkameradinnen holte ich die dazu benötigten Veilchen, stopfte sie in kleine Fläschchen und goss Wasser auf. Keine von uns Mädchen konnte die Zeit abwarten, bis unser Veilchenwasser fertig war. Mehrmals täglich öffnete ich die Flaschen und musste leider feststellen, daß deren Inhalt zunehmend übler roch. Das Experiment meiner Mitschülerinnen zeigte den gleichen Misserfolg. In unserer Naivität und

Auf dem Tritt sitzend und Äpfel schälen.
Foto: Lore Bernecker, Molschleben

80

Ahnungslosigkeit konnten wir uns gar nicht erklären, was wir falsch gemacht haben könnten. Traurig gossen wir die Fläschchen aus, als ein abscheulicher Gestank aus unserer guten Idee geworden war.

Viele Jahre später hatte ich eine Begegnung mit einem kleinen Mädchen unseres Dorfes. Das Mädchen saß auf den Steinstufen vor ihrem Elternhaus, und es mag im gleichen Alter gewesen sein, wie ich damals, als ich den seltenen Düften nachlief. Die Kleine erzählte mir, dass sie sich freuen würde, wenn ich vorbeikäme, dann würde es nämlich immer so schön riechen. Noch eine ganze Weile bliebe der Geruch, auch wenn ich schon zwei Häuser weitergelaufen wäre.

So schnell und gravierend hatten sich die Zeiten also doch nicht geändert, wenn es immer noch kleine Mädchen gab, die einer fremden Duftwolke hinterherträumten.

Der alte Fliederbusch

Der Fliederbusch am Gartenzaun,
ich seh' ihn heut' noch blüh'n im Mai.
Er lebt in der Erinnerung,
sind seine Jahre auch vorbei.

Die alte Bank, die bei ihm stand,
sie ist seit langem schon zerfallen.
Als Kind saß ich dort oft und gern,
es war der schönste Platz von allen.

Dort war das Osternest versteckt,
dort sang die Amsel just ihr Lied.
Für mich gab's dort manch' Stelldichein;
es war ein Plätzchen für's Gemüt.

Der Fliederbusch am Gartenzaun;
wohl dem, der unter ihm gesessen!
Wo's mich auch hin verschlagen hat,
konnt' nie den Fliederbusch vergessen.

Sein Duft betörte alle Sinne,
sein Schatten gab der Seele Ruh'.
Möcht' ich noch 'mal den Frieden spüren,
so schließe ich die Augen zu.

Sommergerste

Es war Sommer und die Ernte in vollem Gange. Während dieser Zeit standen die schweren Tore der großen Bauernhöfe oft den ganzen Tag weit offen, denn es gab ein ständiges Rein und Raus der Wagen, Grasmäher und Mähbinder. Dem Federvieh auf den Höfen war dieser Ablauf willkommen, denn Herumstöbern, Schnattern und in allen Ecken scharren ist ihnen bekanntlich angeboren.

Bauer Schicketanz besaß einen ansehnlichen Hof und alles, was dazu gehörte. Darunter auch eine stattliche Schar Enten. Schon in aller Frühe watschelten sie aus dem geräumigen Hof durch das weit geöffnete Tor auf die Dorfstraße, schnatterten lauthals, bis sie am Wassergraben angelangt waren.

Da gab es immer viel zu gründeln und nach kleinen Schnecken und winzigem Wassergetier zu suchen. So erreichten sie lärmend und flügelschlagend das Dorfende. Eine allzu neugierige Ente entdeckte oberhalb des Baches ein Gerstenfeld mit Ähren die in der Milchreife waren, und lockte mit ihren Rufen die ganze Schar mitten in dieses Schlaraffenland. Wen wundert's, dass es das Entenvolk nun täglich dorthin zog. Allabendlich watschelte die gesättigte Schar auf ihrem Heimweg gemächlich durch das Dorf. Der Bauer freute sich, daß seine Enten täglich fetter wurden und fragte nicht, woher.

Lange konnte die Sache mit dem Schlaraffenland nicht gut gehen. Der Eigentümer des Gerstenackers ertappte die „Diebe" und stellte den Besitzer der gefräßigen Entenbande zur Rede. Jedoch stieß er bei ihm auf taube Ohren.

Die Söhne des Gerstenbauern ersannen nun eine List, um dem Treiben ein Ende zu machen. Am nächsten Morgen, als sich das Entenvolk wieder über die Ähren hermachen wollte, fingen seine Jungen die Enten ein und sperrten sie in ein Gatter, wo sie den ganzen Tag über hungern mußten. Erst gegen Abend durften sie auf das Gerstenfeld, wo sie sich gierig die Kröpfe voll Körner stopften. Derweil hatten die Jungen Pappschilder mit Sprüchen beschrieben, für jede Ente eines, das sie ihnen nun mit einem Strick um den Hals banden. Am späten Abend trieben sie die Entenschar ins Dorf zurück. Der Zeitpunkt war gut gewählt, denn um diese Zeit saßen die Dorfbewohner vor ihren Häusern auf den steinernen Trittstufen und hielten ein Schwätzchen. Was für eine Aufregung, als die Enten schwerfällig und vollgefressen über die Straße watschelten und die Pappschilder im Rhythmus hin- und herschaukelten! Man lief den Enten nach, weil jedermann wissen wollte, was auf den Schildern geschrieben stand. War das ein

Spaß, als einige die Verse laut vorlasen: „Wir Dummen mußten brummen!" oder „Wenn wir in den nächsten Tagen nochmal Gerste fressen, geht's uns an den Kragen!"

Wie ein Lauffeuer verbreitete sich die Geschichte im Dorf, und alles lachte über den gelungenen Streich.

Fortan sah man die Entenschar nicht mehr über die Dorfstraße watscheln. Bauer Schicketanz und seine Verwandtschaft grüßten die Familie des Gerstenbauers nicht mehr so höflich wie früher.

Bis heute ist die Entengeschichte in meinem Heimatdorf nicht vergessen, so etwas dauert wohl einige Generationen.

Der Sommer

Der Sommer nimmt mich bei der Hand,
er zeigt mir seine Fluren,
zeigt mir den gold'nen Ährenstand,
all' seine Feldkulturen.

Rote Kirschen, saftig süß,
die ersten reifen Pflaumen,
mit Früchten wie vom Paradies
verwöhnt er meinen Gaumen.

Der Sommer reist mit Sonnenglut,
mit heftigen Gewitterregen.
Die Wärme tut der Erde gut,
sie lohnt's mit reichem Erntesegen.

Das Korn, bewegt vom Sommerwind,
schlägt Wogen wie das weite Meer.
Bis Frucht und Korn geborgen sind,
geht schleichend schon der Herbst einher.

Dann sagt der Sommerwind ade,
streicht mir ein letztes Mal durch's Haar,
die Sonnentage sind passé,
und auch die Freuden werden rar.

Die Sonnenblume

Die Meise, sie war schuld daran,
sie hat das Samenkorn verloren.
Und just im Frühjahr wurde dann
daraus ein kleiner Keim geboren.
Er wuchs und wuchs, man sah schon bald,
es sollte eine Blume werden.
Sie war von kräftiger Gestalt
und wurzelte fest in der Erden.

Das Gänseblümchen schimpfte laut:
„Ich find' es total unerhört,
hast uns das Sonnenlicht geklaut
und uns're Gartenruh' gestört!
Du wirst uns alle überragen,
stiehlst uns die Nahrung und das Licht!
Ich werde dich beim Mond verklagen,
gefallen lass' ich mir das nicht!"

Die Sonnenblume raunzt von oben:
„Ich will nur blüh'n, genau wie du.
Da hilft dir auch kein Fluch und Toben,
drum lass' mir endlich meine Ruh'!"

Am Morgen d'rauf war sie erblüht,
mit leuchtend gelbem Blütenkranz.
Als ob die Sonne aus ihr glüht,
umschwirrt von Hummeln, welch ein Tanz!
Das Gänseblümchen schrie: „Hurra!
Wir haben uns're eig'ne Sonne!
Nie war sie so lebendig nah,
sie schenkt uns das Gefühl der Wonne.
Wie ich dreht sie den Kopf dort hin,
wo grad' die Sonne steht.
Des Abends senkt sie müd' ihr Haupt,
bevor sie schlafen geht.
Ich hab' es mir doch gleich gedacht,
wir sind ganz nah verwandt.
Entschuldigung ist angebracht!
Ich hab' mich glatt verrannt!
Erheb' dein Haupt drei Meter hoch,
ich bleib' ein kleiner Wicht.
Ungleich sind wir, und blühen doch!
Wir teilen uns das Licht!"

Foto: Harald Rockstuhl 2004, Sonnenblumenfeld bei Großengottern

Quer durch den Frühlingsgarten

Wer einen Garten sein eigen nannte, in dem Kohlrabi, Möhren, Erbsen, Blumenkohl und vielleicht sogar ein paar Pfeifen Spargel wuchsen, der konnte sich glücklich schätzen. Ganz schnell ließ sich aus diesem Gemüse eine wohlschmeckende Frühlingssuppe bereiten.

Wenn keine Knochenbrühe vorhanden war, reichte sogar ein wenig Butter, um der Suppe die nötige Grundlage zu geben. Die jungen Kohlrabi und zarten Möhrchen wurden als erstes gekocht, danach kamen die Erbsen und der Blumenkohl dazu. Einige Spargelpfeifen gaben der Suppe noch eine besondere Note, aber auch ohne diese hatte sie einen vorzüglichen Geschmack. Eiergräupchen oder ein paar Fadennudeln, und zuletzt kleingewiegte Petersilie, machten das Mittagessen komplett. Auch wir Kinder aßen unsere Teller ab, wenn die Mutter „quer durch den Frühlingsgarten" kochte.

Das Flüsschen

Am Rande unseres Dorfes floss die Nesse, ich erinnere mich an Jahre, in denen es so viel Wasser in ihr gab, dass es über die relativ hohen Flußböschungen hinwegquoll, dabei Äcker und Wiesen weithin überflutete. Eine Gefahr für die Menschen und das Dorf bestand jedoch zu keiner Zeit, denn man hatte die Häuser oberhalb dieser Niederung gebaut.
Für uns Kinder war das Hochwasser eine ganz besondere Attraktion, gleich nach der Schule rannten wir los, um zu sehen, wie sehr sich die Wasserfläche über Nacht vergrößert oder verkleinert hatte. Das ganze Dorf befand sich auf den Beinen, und vor allem die alten Männer wussten spannende Geschichten von früheren Hochwassern zu erzählen. Stieg das Wasser weiter und erreichte eine bestimmte Höhe des Geländers der Nessebrücke, wurde die Straße zur Kreisstadt gesperrt. Die örtliche Freiwillige Feuerwehr hatte Großeinsatz, der Brandmeister kommandierte die Männer auf ihre zugewiesenen Plätze. Sie staksten mit ihren Riesenstiefeln etwas hilflos durch die Fluten. Ihre Gerätschaften hatten sie schon im Griff, aber die Wassermassen natürlich nicht.
Um diesem stets wiederkehrenden Hochwasser nach der großen Schneeschmelze auf ewig den Hahn abzudrehen, wurde Jahre später im Nachbarort ein Stausee gebaut und der Zufluß eines Wildbaches verhindert. Durch

das so gewonnene Reservebecken ergab sich die Möglichkeit, riesige Gemüsefelder zu beregnen. Im alten Flußbett indes plätscherte nur noch ein kleines Rinnsal, wodurch auch die Wasserqualität Einbußen erlitt. Dies missfiel wohl auch den vielen gelben Wasserlilien, denn sie verloren fortan die Lust am Blühen. So wurde zwar die Nesse in ihre Schranken verwiesen, aber zu welchem Preis?

Zu meinen Erinnerungen an unser kleines Flüsschen zählen auch die lustigen Kahnfahrten im Sommer, die wir auf einem Seitenarm der Nesse starteten. Im Winter gab es Schlittschuhbahnen bis in die Nachbarorte. Wer keine Schlittschuhe besaß, schufflierte (glännerte) *[glännern = schlittern auf dem Eis]* auf spiegelglatter Eisfläche.

Zur Nesse gehörten auch das Wasserbett und das große Wasserrad an der Mühle. Das Wasserbett bestand aus ein paar Quadratmetern ausbetoniertem Flußlauf und lag hinter einem Wehr, welches die gröbsten Verunreinigungen festhielt. Das nur knietiefe Wasser war sehr kalt, denn es floss einige hundert Meter im Schatten von Bäumen und Büschen. Aber das schreckte uns nicht, das Wasserbett blieb uns Kindern als einzige Bademöglichkeit. Die Freude über dieses Planschbecken war nicht nur spürbar, sondern an heißen Tagen schon von weitem zu hören.

Hinter dem Zaun schoss das Wasser dann über das riesige hölzerne Mühlrad, und die dabei entstehende Kraft trieb die Maschinen der Mühle an.

Auf der Nessebrücke, beginnendes Hochwasser. Foto: Hilmar Topf, Molschleben

Alter Dorfteich in Kleinfahner, ca. 1940.
Foto: Regina Hildebrandt, Kleinfahner

Als ich später noch einmal den Weg meiner Kindheit ging, fand ich den romantisch verlaufenen Seitenarm der Nesse sowie das Wasserbett zugeschüttet und planiert. Schon lange wurde in der Mühle kein Korn mehr gemahlen, und das alte Mühlrad war zu nichts mehr nütze, ich fand es nicht mehr an seinem alten Platz.

In meiner Erinnerung aber blieb die Nesse so, wie sie einmal war, mir gefiel die romantische und die stürmische Seite unseres Flüsschens.

Nesse-Hochwasser in Molschleben, Frühjahr 1964. Foto: W. Kellner, Molschleben

Kleine Freuden

Den Feldrain säumt ein schmuckes Band
aus rotem Mohn und Margeriten;
grad' so, wie ich als Kind ihn fand,
von schlichter Anmut unumstritten.

Das Zittergras stäubt reife Pollen.
Die Distel prunkt im lila Flor,
steht starr und steif, als würd' sie schmollen,
ist jetzt so kratzig wie zuvor.

Das Feld trägt körnerschwere Ähren,
sie neigen sich, ja brechen fast.
Als würden sie bald nun gebären,
glänzt goldgelb ihre reife Last.

Der Wind bläst auf zum Erntereigen,
Lob auf des Sommers Meisterstück!
Wir können staunend uns verneigen:
„Wie ist die Welt doch voller Glück!"

Die Neugeborenen

Ganz begeistert waren wir Kinder, wenn es in den Ställen Nachwuchs gab. Beizeiten lernten wir, daß ein Pferd fohlte, eine Kuh kalbte, ein Schaf oder eine Ziege lammt. Bei einer Katze oder einem Kaninchen hieß es hecken, beim Hund werfen, und die Sau ferkelte, heckte oder warf. Geflügel, wie Enten, Gänse, Hühner (Glucken) und Tauben dagegen saßen oder brüteten aus. In jedem Bauernhof gehörten diese Begriffe zur normalen Ausdrucksweise.

Der Geburtsvorgang selbst wurde vor kleinen Kindern geheimgehalten, weil er meist mit Blut einherging und keinen schönen Anblick bot. Außerdem war für die Kinder das Thema Geburt und alles, was damit zusammenhing, sowieso ein Geheimnis. Mit der biologischen Aufklärung und der Entstehung neuen Lebens tat man sich damals in fast allen Familien schwer.

Wenn unser Hund Junge bekam, meist war es nur ein Junges, sah ich den Kleinen erst, wenn er schon munter in der Hundehütte herumkroch. Unsere Katze hatte ihr Nest irgendwo auf dem Futterboden im Stroh versteckt, und bis ich das kleine Kätzchen sehen durfte, war es schon ein paar Wochen alt. Diese Katzen waren, genau wie die Kaninchen, nackt und blind geboren, für kleine Kinder wurden sie erst später niedlich und interessant, dann, wenn sie ihr kuscheliges Fell streicheln durften.

Warum unsere Katze oder auch unser Hund höchstens ein bis zwei Junge säugten und aufzogen, erfuhr ich erst als größeres Schulkind. Mutter hatte die Geburtenregelung in der Hand, und ausnahmsweise war ich später froh darüber, daß sie ihre diesbezüglichen Praktiken heimlich durchführte und für sich behielt. Eine Ziege stand schon in unserem Stall, als ich noch ganz klein war. Manchmal bekam sie zwei kleine Lämmchen mit weißen Bommelchen am Hals. Sie sprangen munter im Stall herum, und ich sah ihnen gerne zu, wenn sie an der Alten tranken. Die Lämmchen schmatzten beim Trinken, und die Haare um ihren Mund herum waren weiß von der Milch. Die alte Ziege tat mir leid, wenn ihre Kinder fortwährend gegen das Euter stießen, aber sie nahm es gelassen hin.

An den Geschmack der Ziegenmilch durfte ich dabei gar nicht denken, denn immer, wenn ich mit meinem Mund an das Milchtöpfchen kam, roch es ähnlich wie im Ziegenstall, und ich ekelte mich vor der Milch. Mutter schimpfte oft mit mir, weil ich allerlei Ausreden erfand, die Milch nicht trinken zu müssen. Manchmal schüttete ich sie sogar heimlich weg. Heute weiß ich, daß sie meinem damaligen Gesundheitszustand hätte dienlich sein können.

Alles Geheime und Verbotene schürt die Neugier der Kinder, das war auch damals nicht anders.

Wenn die Sau zu werfen begann, durften wir nicht mit in den Stall, um dabei zuzusehen. Angeblich könnten wir die Alte aufregen, und dabei sei schon öfter ein kleines Ferkel totgetreten oder zerdrückt worden.

Wenn ich mich heute an mein erstes Dabeisein erinnere, kann ich verstehen, warum man Kinder davon fernhielt. Es handelte sich damals im wahrsten Sinne des Wortes um eine wildgewordene Sau. Im Fieberrausch attackierte sie ihre eigenen Jungen und fraß einige davon sogar auf. Ich war damals bestimmt schon 12 Jahre alt, aber ich brauchte sehr lange, um dieses Erlebnis einigermaßen zu verarbeiten. Nie verstand ich, daß eine Mutter ihre Jungen umbringen und auffressen konnte. In einem solchen Fall versuchten die Bauern, die Schweinchen gleich aus dem Stall zu nehmen, wenn sie geboren waren. Im großen Spreukorb lagen sie dann in einem Strohnest, und eine Decke schirmte sie vor unseren neugierigen Blicken ab. Der Korb stand im Winter in der Stube vor dem Kachelofen. Für die Schweinenachzucht war eben eine Stube gerade fein genug.

Wenn das letzte Schweinchen geboren war, ließ auch das Fieber der Alten meistens ein wenig nach, und die Sau beruhigte sich allmählich wieder. Nun kam der große Augenblick, entweder nahm sie ihre Ferkel an, oder deren Schicksal war besiegelt.

So eine verrückte Geburt zählte eher zu den Ausnahmen, meist grunzte die Sau beim Hecken vor sich hin, und ein Ferkel nach dem anderen purzelte ins Stroh. Kaum waren die Schweinchen geboren, suchten sie nach der Futterquelle und drängten sich nach den Zitzen.

Dieses Mutterglück erschien uns Kindern ganz romantisch, aber auch dann noch mußte Ruhe bewahrt werden, weil übergewichtige Sauen beim Hinlegen so tapsig waren, dass ein Ferkel aus Versehen zu Schaden kommen konnte.

Einen nachhaltigen Eindruck hinterließ bei mir ebenfalls die schwierige Geburt eines Kälbchens, bei welcher ich zufällig Zeuge sein durfte. Mutter und Vater hantierten schon längere Zeit im Stall, und ich wusste, dass eine Kuh kalben mußte. Neugierig, wie ich nun einmal war, hätte ich auch ganz gern zugesehen, aber Mutter und Vater schienen aufgeregt genug, und aus Erfahrung wußte ich, daß ich mich in solchen Situationen lieber unsichtbar machte.

Irgendwie schien es mit dem Kalben Schwierigkeiten zu geben, denn Mutter rief mir zu, daß ich schnell einige Nachbarn zu Hilfe holen sollte. Die Nachbarn wußten gleich, worum es ging. Sie griffen eilig ein dickes Seil und verschwanden damit in unserem Kuhstall. In der Aufregung achtete niemand mehr darauf, daß auch ich mit hineinschlüpfte und mich in eine Ecke drückte. Aber was ich dort miterlebte, war verständlicherweise nicht für Kinderaugen oder empfindliche Kinderseelen geeignet.

Die Füße des Kälbchens waren bereits zu sehen, ein dicker Strick umschlang seine Gelenke. Irgendwie wollte das Junge nicht heraus, mehrere Männer stemmten sich gegen die Gossensteine und zogen aus Leibeskräften an den Seilen. Ich bangte um unsere Kuh und befürchtete, die Männer könnten sie auseinanderreißen.

„Die Neugeborenen" – Schwein gehabt. Vater mit Ferkel. Foto: H. Stecher, Molschleben

Noch lange Zeit danach sah ich die weit aufgerissenen Augen unserer Lotte, die vor Schmerzen und Angst wie wahnsinnig schrie. Sie schien am Ende ihrer Kräfte, als endlich das Kälbchen seinen Weg gefunden hatte. In der Fruchtblase eingeschlossen lag das Neugeborene wie ein Häufchen Unglück im Stroh. Schnell durchtrennte Mutter die Hülle und befreite den Mund des Kälbchens vom Schleim. Nun konnte das Junge selbst atmen, und es hob auch schon seinen Kopf. Mutter und Vater rieben das nasse Fell ein wenig trocken. Unsere Lotte wurde ungeduldig, die Männer bugsierten das Kleine ganz nah an den Kopf der Mutter. Sofort begann sie damit, ihr Kälbchen trockenzulecken, und alle Qualen schienen vergessen. Danach probierte das Kleine auch schon einmal, auf wackligen Beinen zu stehen. Bis es das Euter gefunden hatte, dauerte es nicht lange.

„Die Neugeborenen" – Zwillingskälbchen, mit Berta und Arno Stecher. (Im Hintergrund – Kartoffelmühle für Schweinekartoffeln) Foto: H. Stecher, Molschleben

Das waren dann Bilder, die ein Kinderherz höher schlagen ließen. Mit dem Saugen und Stoßen am Euter regte das Neugeborene den Milchfluss an. Die erste Milch hieß Biestmilch, sie war sehr fett und kalorienreich. Nach dem Trinken des Kälbchens molk die Bäuerin das Euter vollständig leer, damit es sich nicht entzündete.

In den schlechten Kriegszeiten buk man in mancher Bauernküche Tiegelkuchen (Eierkuchen) aus der Biestmilch. Sie war etwas rosafarben vom Blut und fast dickflüssig, sie ersetzte Eier und Fettigkeiten gleichermaßen. Freiwillig und bewusst hätte ich diese Eierkuchen niemals gegessen, aber wer ihre Bestandteile nicht kannte, lobte sie über alles.

So konnte ein fertiger Eierkuchen für ein Kind etwas Wunderbares sein, genauso, wie ein niedliches kuscheliges Haustier, wenn die Kinderseele nicht mit der weniger schönen Vorgeschichte belastet war.

In der Gemeinschaft schmeckt es besser

Früher stand in den meisten Haushalten höchstens an Sonntagen die Bratpfanne auf dem Tisch, ganz besonders in den ärmeren und kinderreichen Familien. Dort war das wenige Fleisch schnell aufgegessen, und für den Montag blieb selten ein kleiner Rest. Dann stand die restliche Bratensoße auf dem Speiseplan, die immer reichlich zubereitet und manchmal gestreckt wurde. Das einfache Essen nannte man Soßenditsche. In die aufgewärmte Tunke brockte man Brotstückchen hinein und aß sich daran satt.

Klein Ingeborg spielte mit den Hauser-Kindern auf der Straße. Das Mädchen war blaß und schwächlich, sie unterschied sich darin von ihren Spielkameraden. Ingeborg war mäklig beim Essen und litt unter Appetitlosigkeit, obwohl es ihr eigentlich an nichts mangelte. Als die Hauser-Mutter ihre Kinder zum Mittagessen rief, lief auch die kleine Ingeborg hinterher und setzte sich wie selbstverständlich mit an den großen Küchentisch. Es gab eine einfache Soßenditsche, so etwas hatte das kleine Nachbarmädchen noch nie gegessen. Ingeborg schmeckte es so gut, daß die Hauser-Mutter gar nicht genug aufschöpfen konnte.

Zu Hause erzählte das Mädchen von diesem wunderbaren Essen und versetzte damit die eigene Mutter etwas in Erstaunen. Einem solch einfallslosen, armseligen Gericht konnte man in der wohlhabenden Familie nichts abgewinnen. Die Mutter wußte nicht, ob sie der Tochter für die Zukunft verbieten sollte, an fremden Tischen zu essen. Noch dazu es, dem Gerede nach, gar nicht so sauber in der kinderreichen Familie Hauser zuginge. Allerdings war die Hauser-Mutter im Dorf als Soßentante bekannt, welche angeblich mit den geringsten Zutaten die schmackhaftesten Soßen bereiten konnte.

Die Kinderärztin, welcher Ingeborg von der Hauserfamilie erzählt hatte, riet der Mutter, daß einem Einzelkind das Essen in der Gemeinschaft gut tun könnte. Ein abgegessener Teller mit Soßenditsche sei allemal besser, als einer mit der feinsten Speise, in der nur herumgestochert wäre. Auch könne penibel übertriebene Sauberkeit ein Kind nervös und manchmal krankmachen.

So freute es die Mutter auch in der Zukunft nicht, wenn die kleine Ingeborg wieder einmal bei den Hauser-Kindern aß, aber die Hauptsache war ja, es schmeckte dem Kind bei der Soßentante. Nicht bloß die allmählich schwindenden Vorurteile verhalfen der kleinen Ingeborg zu einer rosigen Gesichtsfarbe. Die Gemeinschaft kann den einzelnen Menschen im positiven oder negativen Sinne stark beeinflussen. Wir sollten dies nie unterschätzen!

Der begossene Pudel

Mein Bruder Hans hatte auf dem Feld Rapunzel gesucht. Bei uns hießen sie Rapünzchen, ein Feldsalat, welcher wild auf Feldern wuchs. Wir freuten uns alle auf den Salat, war es doch das erste frische Grün, was nach den enthaltsamen Wintermonaten auf den Tisch kam.

Mutter mengte noch in der Salatschüssel, als es klopfte und Nachbar Rosa hereinkam. Hans befürchtete gleich, daß ihr Mutter etwas vom Salat anbieten könnte und er versuchte sofort die Sache abzubiegen. Ganz aufgeregt stotterte er: „Das reicht aber nicht für alle, du kannst nichts davon kriegen!"

Meine Mutter war so erschrocken, daß sie wütend die Salatschüssel ergriff und die schönen Rapünzchen über den Kopf meines Bruders schüttete.

Hans stand da wie ein begossener Pudel, ich sehe ihn noch heute, wie ihm die Salatbrühe über das Gesicht floß und seine Haare vom Öl glänzten. Erst einmal wurde es ganz still, wahrscheinlich deshalb, weil Mutter selbst erschrocken war.

Das war es dann wieder einmal, es folgte ein Riesendonnerwetter, wir mussten sofort ins Bett, das Abendessen fiel aus!

Viele solche traurigen Erinnerungen trage ich immer noch in mir.

Heute weiß ich, daß unsere Mutter sehr oft überfordert war. Irgend etwas war in ihrer Seele schon in ihrer eigenen, sehr schweren Kindheit zerstört worden. In kritischen Situationen übertrug Mutter ihre eigenen, schlimmen Erfahrungen aus ihrem Elternhaus wieder auf uns. Sie wuchs mit Gewalt auf und kannte es nicht anders.

Ich hab' etwas, was du nicht hast!

Hundeschlachtungen waren bis vor einigen Jahren noch durchaus an der Tagesordnung. Die Menschen hätten angeblich ihre diversen Lungenerkrankungen nur durch die Behandlung mit Hundefett überhaupt überstehen können.

Nach dem Krieg gab es wohl in vielen Orten Menschen, die Hundefleisch als Delikatesse verspeisten. Ich erinnere mich an einen Umsiedler in meinem Heimatort, dem alle Hunde gebracht wurden, welche die Bauern loswerden wollten.

Auch aus unserem Hof landeten einige Vierbeiner im Laufe der Jahre in seiner Bratpfanne. Deshalb mochte ich diesen alten Herrn nicht besonders. Aber das hing wohl mit dem Vorurteil zusammen, nachdem Hundefleisch eben nicht zu den normalen Lebensmitteln zählte.

Ich denke dabei auch an meine Lehrzeit als Forstfacharbeiterin. Einige verwegene Jungens unseres Lehrlingswohnheimes hatten eines Tages einen großen Schäferhund eingefangen, geschlachtet und von der Köchin zubereiten und braten lassen. In heutigen Zeiten unvorstellbar! Tierseuchenbestimmungen, Heimbestimmungen, Hygienebestimmungen und auch die kriminelle Beschaffung des Objektes hätten Anlass genug zu größerem Ärger gegeben.

In jedem Fall roch es im Wohnheim sehr verführerisch, und der Hunger war damals noch unser ständiger Begleiter. Der Rest aus der Pfanne landete auf meinem Teller, und ich hätte gern noch einen Nachschlag verlangt.

Als aber meine Freunde mit der Wahrheit herausrückten, war mir ganz plötzlich der Appetit vergangen. So ist es eben mit unsern Gewohnheiten, Vorurteilen und Dingen, die uns völlig fremd sind.

Mit dem in Steinach so gepriesenen Hundefett machte ich in meiner Kindheit auch Bekanntschaft. Eine Erinnerung, die sich bei mir in unangenehmer Weise festgebissen hat.

Ich mag wohl neun oder zehn Jahre alt gewesen sein, als in der Schule ein Impftermin bekannt gegeben wurde. Mit so einer Bekanntgabe verbreitete sich bei vielen Kindern auch gleichzeitig die Angst vor den gefürchteten Spritzen.

Mich befiel die Angst ganz besonders stark. Da ich aber eine ziemlich große Klappe hatte, wollte ich mir diese lächerliche Angst nicht anmerken lassen. Nach der Einspritzung bildeten sich bereits nach kurzer Zeit Blasen. Ich konnte mir den Zusammenhang nicht erklären. Am nächsten Morgen zeigten alle Schüler ihre Arme vor. Tatsächlich hatten nur ein Umsiedlerjunge und ich diese komischen Pusteln.

Ich fühlte mich plötzlich im Mittelpunkt, ein Umstand, den ein Kind besonders genießt und auch braucht. Ich war stolz darauf, etwas zu haben, was die anderen nicht hatten.

Heute weiß ich, wie viel Naivität und Dummheit dazu gehörten, sich ausgerechnet über eine todbringende Krankheit zu freuen.

Plötzlich war ich wichtig geworden, sogar meine Mutter musste die Feldarbeit liegen lassen und mit mir zum Arzt fahren.

Die Gothaer Tbc-Beratungsstelle wurde über viele Jahre hinweg mein Anlaufpunkt. Ich hatte keine Ahnung, was Tuberkulose bedeutete. Ich wußte weder, woher sie kam, noch, dass es eine tödliche Krankheit war. Sehr viele Kinder litten an dieser heimtückischen Tbc.

Die Wartezimmer waren überfüllt, und ein voller Tag musste für einen Arztbesuch eingeplant werden. Ich bekam eine Kur verschrieben, weil ich so mager war.

Bekommen hab ich die Kur nie, es waren zu viele Kinder, die eine Erholung noch nötiger gebraucht haben als ich.

Ich erinnere mich noch sehr gut, dass der Arzt jedes Mal zu Mutter sagte, dass ich viel Butter essen und viel Milch trinken solle. Und die Sonne sollte ich unbedingt meiden. Der Arzt wiederholte zwar ständig die Regeln, aber meine Eltern interessierte es weniger, wenn es darum ging, fast täglich auf dem Feld mithelfen zu müssen und der Sonne ausgesetzt zu sein.

Die Sonne setzte mir derart zu, daß ich völlig kraftlos meine Hilfsarbeiten verrichtete. Wie durch ein Wunder überlebte ich diese Jahre. Sehr viele Menschen starben zur damaligen Zeit an der Tuberkulose. Ich habe den Eindruck, dass man mit dieser Krankheit nicht so ernst umging, wie es eigentlich hätte geschehen müssen. Dabei werde ich wieder an das Hundefett erinnert. Mutter besorgte es sich von jenem alten Herrn, den ich fürchtete.

Nicht genug, dass ich allmorgendlich einen Eßlöffel voll Leinöl schlucken mußte, jeden zweiten Tag hatte ich auch einen Teelöffel Hundefett hinunterzuwürgen. Anders konnte man es nicht bezeichnen.

Hinterher gab es einen Schluck Biofungin. Das war ein weinähnlicher Saft aus einer dunklen Flasche, auf welcher das Bild eines lachenden rotbäckigen Mädchens war.

Nörgeln oder gar weinen half bei derlei Prozeduren gar nichts, es hatte zu geschehen und damit musste sich abgefunden werden. Nicht genug der Geschmacksstrapazen, wurde auch noch meine magere Brust mit Hundefett eingerieben.

Ich hatte immer Angst, meine Schulkameradinnen könnten es riechen. Nicht auszudenken, was ich dann für Spießruten zu laufen hätte! Über viele Jahre hinweg begleitete mich die Tuberkulose. Daran änderten auch die zusätzlichen Lebensmittelkarten für Butter und Milch nichts, weil ich sowieso zu den schlechten Essern zählte. Dabei trank ich nie unabgekochte Milch und Vaters Kuhstall war von Anfang an Tbc-frei.

Meine Geschwister bekamen diese Erkrankung nicht. Mutter behauptete immer, das hätte seinen Grund darin, dass sie nicht so ekelig und übertrieben reinlich waren, wie ich es war. Vielleicht half ja wirklich das Hundefett?

Als ich siebzehnjährig meine Lehre beendet hatte, holte mich diese verfluchte Tuberkulose wieder ein. Dieses Mal waren die Lymphdrüsen davon befallen. Die Ärzte versuchten, die Drüsen herauszuoperieren. Die Zusatzlebensmittelkarten wurden von staatlicher Stelle durch die monatliche Zahlung von 20 Mark ersetzt. Aber Operationen und Kuren änderten nichts daran, dass mich die Tbc wieder über Jahre hinweg im Griff hatte. Ich hatte dabei aber das große Glück, nie eine offene, also ansteckende Tbc zu haben.

Ich konnte meine Familie, besonders unsere Kinder, nicht anstecken. Immer, wenn ich heute etwas über diese heimtückische Erkrankung lese oder höre, überläuft mich ein Schauer. Ich muß dabei an einige Mitpatienten aus der Tbc-Heilstätte Bad Berka denken, die ich kannte und sterben sah.

Wie schlimm muss es um meine Seele gestanden haben, wenn ich mich über eine erzwungene Zuneigung freuen konnte, die eine so gefährliche Krankheit möglich machte?

Die Tuberkulose wurde auch Auszehrung und Schwindsucht genannt. Ein intaktes Immunsystem ist der beste Schutz vor Ansteckung, die durch Tröpfcheninfektion erfolgt.

Vielleicht hatte auch das Hundefett seine heilende Wirkung; ich möchte es jedenfalls nicht noch einmal auf eine Probe ankommen lassen!

Kleider machen Leute, 1949.
Sammlung: Erna Ritter, Dachwig

Wehmut

Nur wenig Schwalben kehrten wieder,
die meisten Nester blieben leer.
Man hört kaum Zwitschern auf den Drähten,
gibt es bald keine Schwalben mehr?

Verschwunden sind die Regenpfützen,
Dorfstraßen sind jetzt asphaltiert!
Es gibt kaum Schlamm für Schwalbennester,
Höfe und Wege sind saniert!

Die Schwalben haben wir vertrieben,
auch ihren Lebensraum zerstört,
als ob zum Leben auf dem Lande
nicht auch der Schwalbenflug gehört...

Kalt sind die Ställe ohne Tiere,
selbst Fliegen meiden diesen Ort.
So bedingt nun eins das andere:
Es bleiben auch die Schwalben fort.

Wer zählte nicht die gelben Schnäbel
der kinderreichen Vogelbrut?
Wem tat nicht schon am frühen Morgen
ihr lustiges Gezwitscher gut?

Mit jedem Frühling gibt es Hoffnung
auf das vertraute Schwalbenpaar,
in jedem Herbst ein Daumendrücken:
„Auf Wiederseh'n im nächsten Jahr"!

Aus alt wurde neu

In unserem Dorf gab es einen Herrenschneider, der auch eine Schneider-
stube betrieb. Dort fertigte der Meister mit seinen Gesellen aus einer alten
Wolldecke eine schicke Hose oder funktionierte Großvaters Gehrock zu
einem einigermaßen modischen Zweireiher um.

Zahlreiche Weißnäherinnen besserten in den Wintermonaten die kompli-
zierten Sachen der Bäuerinnen aus. Sie zogen von einer Bauernstube in die
andere. In den bitteren Nachkriegsjahren trennten die Hausfrauen alte
Mäntel, Röcke und Kleider auf, um sich daraus von den Schneiderinnen
etwas Neues zaubern zu lassen.

Ein angesetzter Ärmel, verlängerter Rockschoß oder ausgelassener Saum gab vielen Kleidungsstücken ein neues Aussehen und verlängerte deren Lebensdauer.

Mit etwas Phantasie entstand aus mehreren kleinen Stoffresten ein hübsches Kleid oder eine bunte Bluse.

Aber auf jeden Fall nähten die Schneiderinnen wieder die viel gebrauchten Halbwollenen (Arbeitsschürzen), von denen es auch eine kleinere Ausführung für uns Kinder gab. Wenn die Schneiderin zu uns kam, waren es für mich glückliche Tage. Mutter gab sich große Mühe mit dem Mittagessen, und zum Kaffee buk sie Kräpfel oder einen Eierkuchen. So ungefähr eine Woche hatte die Schneiderin bei uns zu tun. Ich genoß diese Tage nicht nur wegen des guten Essens. Interessiert saß ich neben der Nähmaschine und bettelte Mutter so lange, bis die Näherin auch für meine Puppe ein neues Kleid nähen durfte. Wenn ich heute über den braunen Waschsamt des Puppenkleidchens streichle, fällt mir ein, wie überglücklich uns damals ein kleiner erfüllter Wunsch doch machen konnte.

Der Bauernhof

Auf einem großen Bauernhof war stets ein reges Leben.
Was konnte es in einem Dorf wohl Int'ressant'res geben?

Da gab es einen Pferdestall, wo einem fast die Luft wegblieb,
und einen stolzen Gockelhahn, den hatten alle Hühner lieb.

Da gab es einen Taubenschlag mit grauem Täuberich
und einen alten Schweinestall, da stank's ganz fürchterlich.

Da gab's auch einen scharfen Hund und eine Watschelgans,
auch einen alten Ziegenbock zum Spielen für den Hans.

Flöhe gab's bei Hund und Katz', Schafe hatten Läuse,
Fliegen gab es noch und noch, und im Stroh gab's Mäuse.

Im Kuhstall gab's ein Schwalbennest, gefüllt mit munt'ren Jungen.
die haben oft der Bäuerin beim Melken vorgesungen.
Und waren alle Tiere satt, schien es im Hof recht friedlich,
doch kam die Zeit mal aus dem Takt, dann wurd' es ungemütlich.

Dann gackerte und schnattert es, es quietscht, bellt und miaut,
es wiehert, muht und blökt und schreit nach Futter schrill
und laut.

98

Alltag auf dem Bauernhof. Foto: H. Kalensee, Tröchtelborn

Was mir Mutter beibrachte

Wohl jeder hat schon die Erfahrung gemacht, dass man in früher Kindheit erlernte Dinge sein Leben lang nicht wieder vergißt. Wie oft erinnere ich mich an Ratschläge, die mir meine Mutter mit auf den Weg gab, und die mir in manch kritischer Situation halfen, die Arbeit zu erleichtern. Diese „Lebensweisheiten" waren überwiegend praktische Haushaltstips für den ganz gewöhnlichen Alltag. Man gab sie von einer Generation an die andere und pflegte gleichzeitig die gute Erinnerung an den wohlmeinenden Ratgeber.

Meine Mutter brachte mir zum Beispiel bei, vor der Wäsche alle Ecken und Nähte des Bettzeugs auszubürsten, weil sonst der Filz die Ecken der Bettwäsche allmählich zerfressen würde.

Ebenso ist es mir in Fleisch und Blut übergegangen, vor der Wäsche von Kleidungsstücken das Tascheninnere nach außen zu kehren und auszubürsten. So kann man unliebsamen Überraschungen vorbeugen. Nägel und Metallstifte aus den Arbeitshosen der Männer könnten die spätere Wäsche rostig machen, verfärbte Taschentücher oder ein aufgeweichter Geldschein lassen sich durch ein vorheriges Taschenausbürsten vermeiden. Ein aufgeweichtes

*Auf dem Bauernhof.
Foto: A. Benser,
Tröchtelborn*

Papiertaschentuch aus der heutigen Zeit würde nach der Wäsche mehr Arbeit schaffen als vorher.

Schmutz oder Flecke sollten stets nur mit lauwarmem Wasser eingeweicht oder ausgewaschen werden. Sonst würde der Dreck einbrennen und ließe sich danach nur schwer entfernen, brachte mir meine Mutter bei.

Noch heute streiche ich beim Aufhängen der Wäsche Träger, Nähte und Knopfleisten mit den Fingern etwas glatt, weil es sich danach wirklich leichter bügeln lässt.

Auch eine Handwäsche der Wollsachen musste gelernt sein. Damit die Fasern der Wolle nicht filzten, wurde nur lauwarmes Wasser genommen, die Wäsche auch nur vorsichtig ausgedrückt, nicht gerieben oder gar ausgewrungen. Zum Trocknen wurden die Wäschstücke in saugfähige Tücher eingewickelt und ausgedrückt. Wolle wurde nicht mit Ofen- oder Sonnenhitze getrocknet, sondern auf Tüchern liegend, an der Luft. Wäsche läßt sich am leichtesten bügeln, wenn sie noch ein bisschen klamm ist, gleich nach dem Abnehmen von der Leine. Später erleichtert ein Einsprengeln mit Wasser die Bügelarbeit.

Stearin- oder Harzflecke in Kleidung und Wäsche lassen sich mit einem Löschblatt und dem Bügeleisen entfernen.

Beim Stopfen der Strümpfe und auch bei Ausbesserungen an der Wäsche lernte ich von der Mutter, dass für eine ordentliche Stopfe stets eine gerade Zahl der Gitterfäden nötig ist.

Bei einer ungeraden Fadenanzahl entsteht ein wulstiger Rand, der unschön aussieht und eventuell im Schuh drücken könnte.

Bei Näharbeiten ermahnte mich Mutter öfter mit den Worten: langes Fädchen – faules Mädchen! Heute weiß ich, daß man wirklich nicht zu faul sein sollte, erneut einen kürzeren Faden einzufädeln. Es näht sich besser mit kurzem Faden, er verwirrt und verdreht sich nicht so leicht wie ein langer.

Bei sämtlichen Näharbeiten stand der aufklappbare Nähkasten bereit. In diesem Kasten war immer peinliche Ordnung, und genauso habe ich es von der Mutter übernommen. Im Leben hat alles an seinem Platz zu liegen, auch in einem Nähkasten, denn Ordnung ist das halbe Leben. Man kann sich viel Arbeit ersparen, wenn man seine Utensilien in Ordnung hält. Wenn alles seinen Platz hat, findet man es sogar im Dunkeln, so sagte Mutter immer, wenn sie mir Ordnung beibringen wollte.

Für abgeschnittene Zwirn- oder Garnreste stand ein kleines Näpfchen auf dem Tisch. Die Abfälle wurden gesammelt und flogen so nicht beim leichtesten Windzug durch die ganze Wohnung.

„Viele Hände machen der Arbeit schnell ein Ende". Abpflücken von Erbsschoten auf dem Kühnhäuser Bauernhof in Gierstädt im Jahr 1939.
Foto: J. Kolbe, Kleinfahner

Als Kinder brachten wir oft nasse Schuhe nach Hause. Die durften wir nie zu nahe an den Ofen stellen. Ausgestopft mit Zeitung mussten sie langsam trocknen, übermäßige Hitze machte das Leder hart und brüchig. Schuhe müssen täglich gepflegt werden, will man sie lange Zeit tragen und Freude an ihnen haben.
Ich bekam regelrecht eingebläut, daß Schuhe nur geöffnet, also mit gelöstem Schnürband, aus- oder angezogen werden dürfen. Bei wiederholtem Hinein- schlüpfen mit geschlossenem Schuhband wird die Kappe, welche dem Schuh den Halt verleiht, heruntergetreten und gebrochen.

Nasse Kleidung mußte ich stets gleich ausziehen, auch im Sommer durfte sie nicht am Körper trocknen. Genauso, wie man auch im Sommer nie zu kalte Getränke hastig und in Mengen trinken sollte. Heute weiß ich, daß diese alten Ratschläge richtig waren, weil beides der Gesundheit nicht gut tut. Am Esstisch war unsere Mutter sehr streng, sie achtete darauf, dass nicht geschmatzt, gerülpst oder mit dem Essen Unsinn getrieben wurde. Ich hatte gerade zu sitzen, nicht mit vollem Mund zu sprechen und schon

Misthaufen, auf welchem Mutter hantiert, Berta Stecher, Molschleben.
Foto: H. Stecher, Molschleben

gar nicht etwas umzuschütten oder unter den Tisch zu krümeln. Im späteren Leben profitierte ich von diesen Maßregeln und wußte mich bei Tisch ordentlich zu benehmen.

Aber auch in der Küche beim Kochen brachte mir Mutter allerlei Kniffe bei, die ich heute noch anwende.

So lässt z. B. eine Messerspitze Butter oder Fett die Kartoffeln nicht überkochen.

Unsere Mutter bewahrte niemals eine Zwiebel im geschälten Zustand für eine spätere Verwendung auf, weil sie Krankheitskeime aufnehmen würde.

Suppe sollte nie auf zu heißer Feuerstelle gekocht werden, sondern langsam köcheln, dann schmeckt sie besser.

Zwiebeln würzen eine Suppe intensiver, wenn man sie durchschneidet und die Schnittflächen auf der heißen Herdplatte kurz anbräunt.

Will man zum Andicken von Speisen Mehl oder Grieß anrühren, muss stets das Mehl in die Flüssigkeit gegeben werden, nicht umgekehrt, sonst klumpt es.

Wird befürchtet, daß Milch anbrennt, lässt es sich durch Einstreuen von Zucker über die ganze Topffläche hinweg verhindern.

Soße läßt sich am besten entfetten, wenn man sie erkalten lässt; im kochenden Zustand geht es von der Seite am besten.

Beim Ausnehmen von Gänsen, Enten oder Hühnern sah ich schon als kleines Mädchen zu. Dabei zeigte mir Mutter, daß es leicht geht, wenn nach dem Aufschneiden der Bauchdecke bis vor zum Herz gegriffen wird und danach die gesamten Innereien nach hinten herausgezogen werden.

Eier dürfen nicht abgewaschen und danach noch längere Zeit aufbewahrt werden, weil mit dem Abwaschen der natürliche Schutz entfernt wurde und die Poren geschlossen werden.

Hefe hält sich über längere Zeit frisch, wenn sie fest in ein Glas gedrückt und auf eine Untertasse mit kaltem Wasser gestülpt wird. Buttercreme wird glatt und schlackt nicht, wenn Butter und Pudding dieselbe Temperatur haben.

Hefeteig gelingt gut, wenn alle Zutaten angewärmt sind. Zum Hefestück darf nur lauwarme Milch verwendet werden.

Einen gelungenen Hefeteig erkennt man daran, daß er beim Kneten leicht schmatzende Geräusche gibt und beim Hineindrücken wieder auf einen zukommt.

Vor allem in der Adventszeit, wenn ich Schittchen (Stollen) einmenge, denke ich jedesmal an Oma Meta (Burgdorf aus Molschleben), eine

E. Gewalt auf dem Bauernhof ca. 1949. Foto: R. Gewalt, Gierstädt

Hedwig Reichardt, Kleinfahner. Im Hühnerhof mit der Sonntagsschürze.
Foto: H. Reichard, Kleinfahner

„Besser als gar kein Pferd" ca. 1944. Foto: E. Bärwolf, Molschleben

Bekannte, die mir diese Ratschläge gab: Und wenn dann beim Kneten die Hände sauber, also ohne Teigreste, sind, weiss ich, daß ich gut eingemengt habe.

Im Herbst, wenn die Birnen reif sind, denke ich daran, dass es meine Mutter war, die mir beibrachte, eine Birne richtig zu essen. Sie brach den Stiel heraus und aß sie vom Stiel her nach der Blüte zu. Auch das Kerngehäuse, den Krebs, wie sie es nannte, lernte ich mitzuessen. Angeblich würde er die Därme reinigen. Und es blieb ein Leben lang so für mich.

Ich lernte auch von meiner Mutter, bei Frostgraden keinen Türdrücker oder überhaupt Metall mit nassen Händen anzufassen, weil die Haut sonst schmerzhaft anklebt.

Waren einmal zuviel Fliegen ins Zimmer gelangt, konnte man die Plagegeister wieder loswerden, indem sehr früh die Fenster geöffnet wurden. Die Insekten flogen nach dem Licht und man war sie los – ohne Chemie!

Ausrangierte Kleidungsstücke aus Wolle oder saugfähiger Baumwolle zerschneide ich auch heute noch in handliche Fenster- oder Schuhlappen. Mutter lehrte mich, bei einem schweren Gewitter aufzustehen und mich anzukleiden, um bei einem Einschlag nicht erst die Kleider suchen zu müssen.

Von meiner Mutter kenne ich auch den Ausspruch: – Was mehr wert ist als eine Laus, das nimm mit nach Haus! – auch: – Wer den Pfennig nicht ehrt, ist den Taler nicht wert – !

Ich habe daraus gelernt, daß die Sparsamkeit bei den kleinen Dingen anfängt, ohne dass man am falschen Ende sparen sollte. Und dass es wichtig ist, das Kopfrechnen zu beherrschen, denn sonst kann man schnell übers Ohr gehauen werden.

Das „Küchelchen"

Im Herbst, wenn die Zwetschen und Äpfel reif waren, stand das Backhaus voller Apfel- und Zwetschenkuchen.

Über einem nicht zu dicken Hefeteig lag das Obst, in kleine Stückchen geschnitten, verteilt. Das nötige Öl und der Zucker ließen die Kuchen so saftig werden, dass es einem vom Kinn tropfen konnte.

Hulda hatte einen Apfelschipper mit Solfdecke zurechtgemacht und einen kleinen Apfelölkuchen. Der Dreischnasse brauchte seine Zeit zum völligen Auskühlen, aber der Ölkuchen konnte gleich angeschnitten werden, dann schmeckte er jedenfalls am besten. So dachte auch Alwin, Huldas Ehemann, und schnitt sich gleich ein derbes Stück vom Blech. Es schmeckte ihm das erste Stück, das zweite, das dritte und auch noch das nächste, aber von Hulda war währenddessen immer noch nichts zu sehen. Sie war noch im Backhaus, und bis sie endlich nach Hause kam, hatte Alwin das kleine runde Blech leergeputzt.

Hulda suchte den Kuchen in allen Ecken und konnte sich dessen Verschwinden absolut nicht erklären. Als sie schließlich ihren Mann danach fragte, tat der erst einmal dumm und fragte zurück, welcher Kuchen gemeint wäre?

„Na, der kleine Apfelölkuchen", donnerte Hulda mit derber Stimme. „Ach den meinst du, den hab' ich gekostet, was ist auch schon dran an so einem kleinen Küchelchen", beschwichtigte der egoistische Kuchendieb. „Die Hauptsache, er hat dir geschmeckt!" schrie Hulda ärgerlich, bevor sie die Küchentür zuschmiß.

Geschmeckt hat das „Küchelchen" wirklich, dachte Alwin.

Das verfluchte Lorbeerblatt

Marinierter Hering war das Leibgericht von Max und Toni. Immer, wenn sich die Gelegenheit bot, kauften sie sich in der Stadt einige Salzheringe und machten sich eine große Schüssel marinierter Heringe zurecht. Am besten schmeckten sie, wenn alles ein bisschen durchzogen war, vor allem die Lorbeerblätter brachten ein gutes Aroma.

Max schöpfte sich schon zum zweiten Mal den Teller voll, so gut schmeckte es ihm wieder. Plötzlich hatte er ein größeres Stück Lorbeerblatt erwischt. Und ausgerechnet in diesem Moment musste er über eine witzige Bemerkung seiner Frau lachen. Das Gewürzblatt rutschte dabei in den Hals und saß fest. Es ging nicht vor und nicht zurück, da half auch nicht, daß Toni ihrem Mann auf den Rücken klopfte. Auch ein Schluck Wasser brachte das Lorbeerblatt nicht in Bewegung. Als sich die Hustenattacken immer bedrohlicher verstärkten, wurde es Toni himmelangst, und sie rief nach einem Arzt. Vor Aufregung darüber hustete Max noch stärker und das Gewürzblatt kam wieder zum Vorschein. Das war ja noch einmal gutgegangen, aber es blieb den beiden für alle Ewigkeit eine Lehre.

Erst einmal gab es eine ganze Weile kein Heringsgericht mehr, das beängstigende Erlebnis saß noch zu fest. Aber lange hielten es Max und Toni nicht aus ohne ihren geliebten marinierten Hering.

Fast eine Zeremonie gab es nun jedesmal vor dem Essen um die bewussten Lorbeerblätter, aber danach schmeckte ihnen das Heringsessen genauso gut wie früher.

Der Müllerstieg

Im Heimatort gab's keinen Berg,
ja bestenfalls war es ein Zwerg,
der Müllerstieg, er mußt' genügen
für einen Ausflug, ein Vergnügen.
Als Kinder lagen wir im Gras,
wir machten Spiele, hatten Spaß!
Am Fuß des Stieges blühte Flieder,
dort ließen sich Zigeuner nieder.
Wir haben gerne dort gesessen,
dabei die Schularbeit vergessen.
Die Nachtigall fühlt' sich dort wohl
sie singt noch heut' wie liebestoll.
In Brennesseln, am Wegesrand,
sie ihren Platz zum Brüten fand.
Such' ich den Ort glücklicher Tage,
kommt auch der Müllerstieg in Frage.
Es war ein Plätzchen zum Verlieben
und ist es wohl bis heut' geblieben.
In lauen Nächten fand ich's schön,
in feuchtem Gras spazier'n zu geh'n.
Kaum hat's den ersten Schnee gegeben,
tobte am Müllerstieg das Leben.
Just alle Kinder, groß und klein,
fanden sich flugs zum Rodeln ein.
Wir rodelten den Stieg hinab,
verfehlten Gartenzäune knapp.
Die kurze Fahrt vergaß ich nie,
gab's dabei auch manch' blaues Knie.
Wir wollten etwas Spaß nur haben,
zu selten konnten wir uns laben.
Der Kinderspaß ist längst verflogen,
doch es blieb wahrlich ungelogen
eine Oase der Natur,
von Lärm und Hektik nicht die Spur.
Jetzt steht ein Häuschen dort am Rande,
und ich bin gänzlich außerstande
zu loben all' das Blüh'n und Werden.
– Es ist ein schöner Platz auf Erden! –

Selbst ist der Mann

Alberts Mutter war mit Kirschen auf dem städtischen Markt unterwegs und wurde vor dem Abend nicht zurück erwartet. Albert oblagen derweil alle Pflichten, die das Haus- und Hofrecht betrafen. Er verstand sich schon auf viele Dinge, und so wollte er nun auch versuchen, einen Kuchen zu backen. Weil er viele Arbeiten gleichzeitig erledigen wollte, vergaß er beim Einmengen die Hefe. Er wunderte sich, daß der Teig anders aussah als bei seiner Mutter und überhaupt nicht aufging. Albert rückte die Backmolle immer näher an den warmen Herd, aber es schien nichts zu nützen.

Die Kuchen hatten zu einer bestimmten Zeit im Backhaus zu sein, und mit dem Aufgehen tat sich immer noch nichts. Aufgeregt schob Albert alle Backutensilien hin und her, dabei fiel ihm das Papier mit der vergessenen Hefe auf. Nun war guter Rat teuer. Kurzerhand rollte er den zähen Teig aus, was gar nicht so leicht gelang. Die Hefe krümelte Albert gleichmäßig über den Teig und trug den Kuchen zum Bäcker. Die als räsonierend bekannte Bäckersfrau wunderte sich über den eigenartigen Kuchen und fragte höhnisch nach dessen Rezept.

„Ach", stöhnte Albert, „ich hab' doch die Hefe vergessen und sie deshalb draufgekrümelt. Sie war ganz frisch und wird schon gehen!" Zuversichtlich ging Albert nach Hause.

Der Bäcker schob den Kuchen in den Ofen, und genauso zog er ihn auch wieder heraus.

Das neue Rezept schien nicht gelungen, aber Albert ließ sich deshalb nicht verdrießen. Er trug seinen Kuchen heim, brach sich ein Stück vom Blech und tunkte es solange in seinen Kaffeetopf ein, bis es weich genug war. Danach schlürfte Albert genüsslich seinen ersten „Selbstgebackenen".

Die Zigeuner sind da

Als Kinder kannten wir die heutigen Namen Sinti und Roma nicht, für uns waren es Zigeuner, und die Bezeichnung hatte dabei keine abwertende oder gar menschenunwürdige Bedeutung.

Wir freuten uns, wenn die Zigeuner wieder im Dorf waren, brachten sie doch ein wenig Abwechslung in unser Alltagsleben.

Gleich nach der Schule rannten wir auf den Müllerstieg, wo sich in jedem Frühjahr die Zigeuner niederließen.

Mit einem kleinen Planwagen waren sie gekommen, ihr mageres Pferdchen graste im Chausseegraben unter den Fliederbüschen. In jedem Jahr interessierte mich erneut, wie eine solche Großfamilie auf einem Pferdewagen Platz zum Leben und Schlafen fand.

Obwohl diese fremdländische Kulisse alle Kinder gleichermaßen faszinierte, hielten wir doch stets respektvoll Abstand. Sicher hatten wir Kinder innerlich ein anderes Verhältnis zu diesen Menschen als manche Erwachsene. Unter den Dorfbewohnern gab es einige, die beim Eintreffen der Zigeuner um ihr Eigentum bangten und die Türen geschlossen hielten oder einen Reisigbesen mit den Borsten nach oben vor die Tür stellten. Dieser alte Aberglaube, daß Zigeuner Menschen oder Tiere verhexen oder auch Mißernten heraufbeschwören könnten, gehörte wirklich schon damals in die Zeit des Mittelalters. Es gab ältere Leute, die an diesem alten Zopf festhielten und gruselige Geschichten erzählten, die nie ein engeres Verhältnis zwischen Dorfbewohnern und den Zigeunern entstehen ließen. Die Zigeuner waren sehr geschickt bei Flechtar-

Zigeunermädchen vor dem Wohnwagen auf der Harth.

Zigeuner um 1930 kurz vor der Harth zwischen Langensalza und Reichenbach.
Fotos: Adolf Kinsky

110

„An einem sehr kühlen Herbstmorgen (etwa 1930) trafen wir kurz vor der Harth die Ziegeunerfamilie Bunsch-Lassitsch. Sie hatten eine halbes Dutzend Bären und waren auf der Tour durch Deutschland [Sie kamen aus der Türkei und wollten nach St. Martie de la mer – nach Südfrankreich], wo in gewissen Zeitabständen ein Treffen der Zigeunerfamilien stattfindet. Sie luden uns zum Mitkommen ein, Zigaretten hatten wir nicht, dicke Geldbeutel auch nicht. Aber unsere Essvorräte haben wir mit ihnen geteilt. Es waren aber nicht alles sympathische Gesichter, da sind wir im Lande geblieben. Die Bilder hat Adolf Kinsky gemacht. Außerdem waren noch Hanne Krüll und Richard Röcker dabei". Aufzeichnung: Willi Schirmer und Foto: Adolf Kinsky

beiten. Die Frauen sammelten bei den Bauern alle möglichen kaputten Körbe und Wannen ein, die von den Männern fachmännisch repariert wurden. Wir Kinder sahen dabei gerne zu und bewunderten ihre Geschicklichkeit. Meist hatten sie auch einen fahrbaren Scherenschleifbock dabei. Mit ihm fuhren sie durchs Dorf und riefen mit einem Glöckchen die Hausfrauen aus den Häusern. Ich erinnere mich, daß Mutter ihre Messer und Küchenschnitzer dreimal nachzählte, ob auch ja alles stimmte. Mit der angezweifelten Ehrlichkeit und dem überlieferten Vorurteil darüber war auch sie aufgewachsen.

Ganz sicher verdiente sich manche Zigeunerin etwas zu Essen für die Familie, wenn sie der einen oder anderen Dorfbewohnerin wahrsagte oder die Karten legte. Aber das blieb geheim. Wer wollte schon, daß die Dorfgemeinschaft mit den Fingern auf so ein verzweifeltes Frauchen zeigte?

Ich kann mich erinnern, daß ich viele Jahre später einer Zigeunerin, welche mit ihrem kleinen Kind in unseren Hof kam und um ein Stück Brot bat, ein Fettbrot schmierte. Mein Schwiegervater hatte es mitbekommen und wütend die beiden vom Hof gejagt. Mich bedachte er mit einem grimmigen, vielsagenden Blick. Für ihn war es faules Gesindel, ich hatte schon als Kind eher Mitleid mit dem fahrenden Volk.

Die Zigeuner waren immer lustig, sie tanzten, sangen und saßen abends um ein Lagerfeuer. Über einer aus Steinen zusammengesetzten primitiven Feuerstelle hing ein völlig verrußter bauchiger Kochkessel, in welchem die Frauen fortwährend zu rühren hatten. Die Gerüche, die dabei zu uns herüberzogen, waren uns fremd. Obwohl ich beim Essen ein großer Mäkelpeter war, hätte ich doch gern einmal davon gekostet.

Die knöchellangen bunten Kleider und das lange, lockige Haar der Frauen gefiel mir ebenso wie die schwarzen Schnurrbärte der Männer.

Die Zigeuner zählten sicher zu den Ärmsten, aber ich behielt sie als fröhliche Menschen in Erinnerung, deren Lebensweise wir Kinder allesamt bewunderten.

Handel und Wandel

Gustav war Bauer und Viehhändler zugleich. Er kam viel herum auf dem Lande und kannte nicht nur alle Höfe und Ställe, auch alle Kneipen und Gasthäuser der umliegenden Dörfer waren ihm bekannt wie seine Westentasche.

Für seine Pferde kam das lange Warten vor den Wirtshäusern oft einer großen Geduldsprobe gleich. Der Viehhändler verstand zwar sein

Handwerk, aber nach der Abwicklung seiner Geschäfte machte er sich nicht etwa auf den Heimweg, nein, es trieb ihn immer wieder in die Gaststuben. Dort trank er so reichlich Bier, dass es meist Nacht wurde, ehe Gustav mit seinem Gespann und aufgekauftem Vieh nach Hause zockelte. Eines Tages hatte er eine weiße Ziege gekauft und sie auf dem Wagen festgebunden. Der Viehhändler war sehr zufrieden mit seinem Handel, das Tier stand gut im Futter und war frischmelkend. Gustav gedachte, die Ziege mit großem Gewinn weiterzuverkaufen.

Aber erst einmal kehrte er ein, ließ sich am Stammtisch nieder und begrüßte seine alten Zechkumpane. Da wurde palavert über Gott und die Welt, dabei manches Glas geleert. So verging schnell die Zeit, und keiner aus der feuchtfröhlichen Gesellschaft dachte daran, den Nachhauseweg anzutreten. Inzwischen schlug die Turmuhr schon die langen Stunden der Nacht an, vor der Schenke traten die Pferde des Viehhändlers geduldig von einem Bein auf das andere. Ganz so geduldig gab sich die Ziege nicht, weil ihr die Milch im Euter stach. Sie meckerte ohne Unterlass, so daß ein vorbeikommender Landarbeiter auf sie aufmerksam wurde. Er besah sich die ungeduldige Ziege, und sie gefiel ihm auf den ersten Blick. Er kannte den Zechbruder Gustav, hatte dessen Wagen schon öfter vor der Kneipe stehen sehen. „Warum sollte ich ihm nicht einmal ein Schnippchen schlagen und ihm einen Denkzettel verpassen?", dachte das Schlitzohr. Schnell ward die junge Ziege losgebunden, deren weißes Fell im Licht der Gasthoflaterne glänzte. Sie trabte willig hinter ihrem Entführer her und fühlte sich schnell heimisch im neuen Stall. Anstelle der weißen Ziege stand bald eine braune, die schon einige Jährchen zählte und deren Euter vom vielen Gezipfel schon ganz welk war, auf dem Viehwagen.

Von all dem bemerkten die Zechbrüder in der Gaststube nichts. Gegen Mitternacht torkelte Gustav endlich aus der Schenke heraus und hockte sich auf seinen Kutschbock. Die Pferde setzten sich wie von selbst in Trab, sie kannten den Weg.
Am anderen Morgen bekam Gustav wegen der nächtlichen Sauftour von seiner Frau die Leviten gelesen. Dieser versuchte von der Sauferei abzulenken, indem er mit seinem gelungenen Ziegengeschäft prahlte. Entsprechend hoch ging es anschließend im Stall her, als beide vor einer alten braunen Ziege standen, die sich wohl selbst nicht mehr an ihre guten Jahre erinnern konnte.
Inzwischen erzählte man in allen umliegenden Dörfern vom Ziegentausch des Landarbeiters, nur Gustav erfuhr die Zusammenhänge nie. Er rätselte darüber noch lange Zeit an den Stammtischen herum und sorgte für schadenfrohes Gelächter.

Der Kriegsgefangene Milko

Ich war ein kleines Mädchen und wusste nicht, was ein Kriegsgefangener ist oder gar, was Krieg bedeutet.

In mehreren großen Bauernwirtschaften arbeiteten Anfang der vierziger Jahre Kriegsgefangene, weil die eigenen Söhne und Männer an der Front kämpften.

Milko war auch so ein Kriegsgefangener. Er arbeitete bei demselben Bauern, bei dem auch meine Mutter angestellt war. Wir hatten uns schnell angefreundet, und er erzählte mir von seinem kleinen Mädchen zu Hause in Serbien, das er so gern wiedersehen wollte.

Heute weiß ich, dass sich Milko an sein Töchterchen zu erinnern glaubte, wenn er mich ansah. Wir saßen oft in der Futterküche auf dem warmen Grudedeckel und er brachte mit allerlei kleine Fingerspiele bei. *[Grudedeckel = Abdeckung der Grude – mit Braunkohlekoks betrieben, Herd zum Kochen von Futterkartoffeln]*

Schon lange vor dem Schulanfang kannte ich durch ihn den Gang der Uhr, darauf war ich ganz besonders stolz.

Aber eines Tages war Milko nicht mehr da. Niemand gab mir eine Antwort auf meine Fragen nach ihm. Da ich damals nicht wusste, wo Serbien lag, dachte ich in meiner kindlichen Naivität, Milko wäre zu seinem kleinen Mädchen nach Hause gefahren. Der Gedanke daran ließ mich fast ein wenig eifersüchtig sein auf dieses fremde Kind. Auch konnte ich nicht verstehen, dass er so mir nichts – dir nichts weggegangen sein sollte, ohne mir vorher etwas zu sagen. Es ging mir damals so vieles im Kopf herum, was ich nicht begriff.

Später, in der Schule, als die Uhr erklärt wurde, brauchte ich nicht aufzupassen, da waren meine Gedanken ganz wo anders. Ich konnte nicht Milkos Lieder vergessen, die immer so traurig klangen, und deren Worte ich nicht verstand.

Aber die Melodien summten noch lange in meinem Kopf herum, und immer, wenn mir in einer Futterküche die Grudegase in die Nase stiegen, mußte ich an meinen Freund Milko denken.

Die Probierente

Zur Kirmse wurde die erste flügge Ente oder Gans geschlachtet. Eine Ente könnte vielleicht nicht ganz ausreichen, und so wurde noch eine kleinere dazu genommen. Damit war jedem ein großes Stück Entenbraten gesichert.

Am Kirmessonnabend versammelten sich die Herren des Dorfes in der Gaststube, wo ausgiebig auf die kommenden Feiertage angestoßen wurde. Zu Hause bereiteten unterdessen die Bäuerinnen den Sonntagsbraten vor.
Selma hatte zwei Enten anzubraten, eine große und eine kleine. Ihr Mann August ließ es sich derweil in der Schenke wohlsein.
Wie nun die beiden Enten in der Pfanne bruzelten, verspürte Selma plötzlich mehr und mehr einen ungezügelten Appetit auf Entenbraten. Es ergab sich, dass die kleine Ente im Handumdrehen weich war, und Selma begann lüstern an ihr herumzuzupfen. Sie zupfte und zupfte, trennte gar die kleine Brust vom Knochen, und ehe sie sich versah, lag nur noch das Knochengerüst auf dem Pfannendeckel. Danach stellte die Bäuerin für sich fest, dass doch eine Ente ein seltsam hohler Vogel sei.

Selma schlief längst zufrieden in ihrem Bett, als August aus der Kneipe nach Hause schlich. Nichts ahnend von den heimlichen Gelüsten seiner Frau, öffnete er die Speisekammertür und sah den Entenbraten stehen. Es fällt gar nicht ins Gewicht, wenn ich an einer Ente ein bisschen herumknuppere, wir haben ja zwei davon, dachte August und tat sich an der Ente gütlich.
Am anderen Mittag stellte die Bäuerin das halb abgenagte Knochengerüst auf den Tisch.
„Wo ist die zweite Ente?" fragte August.
„Ach August, beim Probieren hab' ich gemerkt, dass gar nicht viel an ihr gewesen ist" erwiderte Selma.
„Als ob wir es so dick hätten, dass eine Ente einfach so beim Probieren drauf geht, und wer die kleine Ente verkostet hat, kann auch die große allein essen!" Wütend schlug der Bauer die Küchentür hinter sich zu, seine eigenen nächtlichen Gelüste verschwieg er vorsorglich.
Selma fürchtete sich nicht vor dem Rest des Kirmesbratens, sie hatten es zwar nicht gar so dick, aber die Zeche der abendlichen Sauftour war schließlich auch nicht ohne und überstieg bei weitem den Preis eines Entenbratens.

Kloßwettessen

Zwei nette ältere Damen luden sich Freunde zum Thüringer Klößeessen ein. Sie wussten jedoch nicht, dass unter den Gästen auch einige Schlitzohren waren, die sich auf derbe Späße verstanden.

Vorsorglich wurden einige Eimer Kartoffeln geschält, gerieben und ausgepresst.

Die Gäste waren erschienen, und das Festessen konnte beginnen. Stolz trugen die Gastgeberinnen die ersten Schüsseln mit den gelungenen, dampfenden Klößen in die Stube. Die Freunde schienen sich gut auf das Essen vorbereitet zu haben, denn kaum hatte man die Klöße aufgetragen, wurde schon nach der nächsten Schüssel gerufen. Anfangs freuten sich die beiden Gastgeberinnen über den gesunden Appetit, aber mit der Zeit wunderten sie sich doch über deren Gefräßigkeit. Das Geheimnis:

Bei den Gästen war der Hunger schnell gestillt, und alle übrigen Klöße, die man absolut nicht mehr unterbringen konnte, verstauten die Schlitzohren in den Porzellanschalen der Stubenlampe. Der Leuchtkörper hatte mehrere Schalen, aber aus Sparsamkeitsgründen befand sich nur in einer einzigen eine Glühlampe. Deren spärlicher Lichtschein reichte den älteren Damen völlig aus.

Zur damaligen Zeit wurde die Wohnstube nicht allzu häufig genutzt, und was nicht genutzt wurde, brauchte auch nicht gepflegt und dauernd geputzt werden. So ergab es sich, dass die beiden Damen die Lampenklöße überhaupt nicht bemerkten. Nach längerer Zeit wurden dieselben Gäste wieder zu einer Feier eingeladen. Die Schlitzohren unter ihnen konnten den Abend kaum erwarten, weil sie auf die Thüringer Klöße gespannt waren. Tatsächlich befanden sie sich noch in den Lampenschirmen, natürlich völlig vertrocknet und verstaubt. Lange, graue Haare hatten sich auf den vertrockneten Kloßresten gebildet.

Die Überraschung der beiden Damen war perfekt, und keiner verübelte ihnen den versäumten Lampenputz. Auch den Gastgeberinnen war dieser derbe Spaß keinesfalls peinlich, sie hatten schließlich eine Wirtschaft allein zu führen, und ein Großreinemachen kam erst an letzter Stelle.

Die Klöße hatten jedenfalls geschmeckt, das war die Hauptsache, und woher sollte ein Spaß kommen, wenn man ihn sich nicht selbst machte?

Thüringer Klöße

In meiner Kindheitserinnerung sehe ich die rohen Klöße, wie sie bei uns genannt wurden, in einer grauen oder bläulichen Färbung, obwohl das Aussehen unseren Appetit nicht beeinflusst hat.

Früher wurden die Kartoffeln gefanzt *[gefanzt = gerieben]*, kamen anschließend in ein Presssäckchen aus Leinen und wurden mit der Kartoffelpresse ausgepresst.

Die Presse stand in einem Geltchen *[Geltchen = hölzerner Zuber, meist rund mit zwei seitlich hochstehenden Griffen]*.

Mit dem ausgepreßten Wasser wurde auch die Kartoffelstärke aufgefangen, auf einem Zeitungspapier getrocknet und beim nächsten Kloßkochen verwendet.

Unsere Mutter übergoss die ausgepresste Masse mit kochendem Griesbrei und nannte das Resultat ebenfalls „Thüringer Klöße". In manchen Familien schwefelte man die geschälten Kartoffeln, indem man sie zusammen mit einem angebrannten Schwefelfaden in einen gut verschließbaren Topf gab und diesen in eine Wolldecke einhüllte. Die Klöße stachen zwar durch ihre helle Farbe von den eselfarbenen ab, aber ich hatte immer die Befürchtung, dass bei der Schwefelmethode der Teufel mit im Bunde gewesen sei.

Die neumodischen „Faulweiberklöße" sind ganz sicher auf ähnliche Weise entstanden. Ihnen fehlt nur noch ein kochendes Salzwasserbad, aber ich finde, sie verdienen den Namen „Thüringer Klöße" nicht, genauso wenig wie jene, die durch abgepackte, geschwefelte Kloßmasse aus dem Supermarkt entstehen.

Zwar fanzt heutzutage kaum eine Hausfrau noch auf der Fanze aus Großmutters Zeiten, wo man ständig die Finger verletzte, aber ganz und gar sollten wir dieses Thüringer Gericht doch nicht der Industrie überlassen.

Bei den Thüringer Klößen ist Schnelligkeit angesagt. Rasch müssen die Kartoffeln gerieben und gut ausgepresst werden, denn je länger die Kartoffelmasse an der Luft steht, desto dunkler färbt sie sich. Das Reiben und Auspressen geschieht heute mittels einer kleinen Maschine, welche beide Arbeitsvorgänge für uns in kurzer Zeit erledigt.

Währenddessen kocht ein Drittel der Kartoffeln zu Kartoffelbrei. Auf die ausgepresste Masse gibt man 1–2 Teelöffel Salz, einige Löffel Kartoffelmehl und den kochenden Brei. Die Kartoffelpampe musste tüchtig gerührt oder geschlagen werden, und auf dem Herd hat das gesalzene Kloßwasser sprudelnd zu kochen.

Beim Formen der Klöße muss man die Hände ab und zu in kaltes Wasser tauchen, damit der Teig nicht an den Händen klebt. Die Klöße sollten etwas glitschig vom Kartoffelmehl sein. Dann gelingen sie garantiert.

Je nach Geschmack können in Butter geröstete Brötchenwürfel in die Mitte der Klöße gedrückt werden, aber auch ohne diese schmecken die Thüringer Klöße hervorragend. Schwimmen alle Klöße an der Wasseroberfläche, dürfen sie nur noch bei ganz kleiner Flamme 20–30 Minuten ziehen.

Von zwei Gabeln aufgerissen und mit Bratsoße übergossen, waren sie eine Delikatesse. Wer fragt dabei noch nach einem großen Stück Fleisch?

Wir Kinder freuten uns, wenn nicht alle Klöße aufgegessen waren, dann gab es sie am nächsten Tag aufgebacken. Die erkalteten, in Scheiben geschnittenen Klöße wurden in Öl oder Butter beidseitig knusprig gebraten. Dazu aßen wir Dreifrucht *[Dreifrucht = Erdbeeren, Himbeeren und Kirschen]* oder überstreuten die Scheiben einfach mit Zucker.

Großreinemachen

Zweimal im Jahr war in unserem Dorf Großreinemachen angesagt, vor Ostern und vor der Kirmse. Bei diesen Entrümpelungs- und Putzarbeiten wurden wir Kinder stets mit eingeplant. Das Großreinemachen vor der Kirmse ist mir nicht in so guter Erinnerung. Im November war es schon wieder kalt und regnerisch, deshalb freuten sich alle, wenn die Putzerei überstanden war. Außerdem fielen in diese Zeit noch andere wichtige Aufgaben wie das Gartengraben, Säckewaschen und Feldarbeiten, die noch vor dem Einbruch des Winters erledigt werden mussten.

Vor Ostern machte das Putzen richtig Spaß, alle Fenster wurden weit aufgerissen und die Zimmer tüchtig durchgelüftet. Die Sonne schien in die Stuben und machte dabei den Staub und Dreck, der sich während des langen Winters angesammelt hatte, deutlich sichtbar.

Vor einem solchen Putzeinsatz kramten die Hausfrauen in Schränken und Laden herum, sortierten dabei verwachsene oder gar zu schäbig gewordene Wäsche- und Kleidungsstücke aus. Für das Wischen und Putzen wurden nämlich viele Lappen gebraucht, die es nicht zu kaufen gab. Da wurde z. B. eine schon x-mal geflickte und gelappte Unterhose in seine noch verwendbaren Teile zerschnitten. Danach fanden sich die Beine als Fensterputzlappen und der derbe Hosenteil als Scheuerlappen wieder.

Zum Fensterputzen oder zum Abseifen der Fenster- und Türenbekleidungen und auch als Aufwaschlappen in der Küche eignete sich am besten Bettwäsche, deren Gewebe so dünn geworden war, daß ein erneut eingesetzter Flicken nichts mehr bewirkte. Es wurde so schnell nichts weggeworfen, kein Lappen war so schlecht, als dass er nicht doch noch für irgendwas nütze gewesen wäre.

Sogar Sacklappen aus ausgedienten Säcken schnitten sich die Frauen zurecht, mit ihnen wischten sie den Steinfußboden in Küche und Hausflur. Als Kind hätte ich diese steifen Ungetüme gar nicht handhaben können. Säcke lagen auch als Abtreter vor der Tür, auf denen man den gröbsten Straßendreck oder Stallmist abtreten konnte. Im Winter, wenn die Säcke festgefroren waren, erfüllten einige Fichtenreisigäste dieselbe Aufgabe. Außerdem gab es an den Haustüren fest installierte Fußeisen, auf welchen sich vorher die Sohlen einigermaßen vom Schlamm befreien ließen.

Für mich konnte so etwas Banales wie ein Scheuerlappen zum Problem werden, wenn er beispielsweise so groß und steif war, daß meine kleinen Hände beim Auswringen nicht genügend Kraft hatten. Aber wegen meiner schwachen Hände war ich nicht etwa vom Reinemachen befreit, auch dafür gab es Möglichkeiten.

Die Ehefrau unseres Tierarztes im Dorf war auf irgendeine Weise an fabrikmäßig hergestellte Scheuerlappen gekommen. Bei ihr konnte ein solcher gegen zwei Eier getauscht werden. Mutter schickte mich öfter dorthin wegen eines neuen Lappens, welcher danach bis zum allerletzten „Gehtnichtmehr" genutzt wurde. Erst, wenn der Lappen nur noch aus einigen Fetzen bestand, durfte ich sonnabends, wenn das normale Reinemachen dran war, einen neuen tauschen. Damals gab es noch keine Klingeln an den Haustüren, man musste schon laut rufen, um auf sich aufmerksam zu machen. Eines Tages schien die Tierarztfrau nicht auf ihren Familiennamen zu hören, bis ich die Treppe ein Stück nach oben ging. Plötzlich trat sie wütend ans Treppengeländer und schrie mich an, dass sie für mich immer noch die „Frau Doktor" wäre und künftig auch wünschte, so angeredet zu werden.

Wäscheaufhängen 1961 in Tüngeda.
Helga und Harald Rockstuhl.
Foto: Werner Rockstuhl

Eine Tierarztfrau handelte mit Scheuerlappen und maßte sich dabei unverdienterweise einen Doktortitel an. Obwohl meine Gedankengänge damals noch kindlicher Art waren, so stand für mich doch fest, dass dieses „Frau Doktor" nie über meine Lippen kommen würde. Mutter versicherte mir, dass die Frau des Tierarztes nichts weiter als eine Hausfrau mit Dienstmädchen war. Das hatte ich verstanden, und die Tauschgeschäfte musste Mutter wohl oder übel selbst übernehmen. Wenn ich die „Frau Doktor" im Dorf sah, wechselte ich die Straßenseite, ich wollte ihr einfach nicht mehr nahe kommen.

Aber mit einem Putz- oder Scheuerlappen allein war es nicht immer abgetan. Um alles wieder blank zu kriegen, waren oft auch Scheuermittel nötig. Klangvolle Namen wie Imi, Soda, Sidol und Ata waren auf Pappschachteln oder Flaschen zu lesen.

Imi war ein bekanntes Mittel für die Aufwaschschüssel, kam auch bei normalen Putzarbeiten ins Wasser. Die Imischachtel stand griffbereit in der Küche, aber oft war sie leer, deshalb fiel jedoch das tägliche Aufwaschen nicht etwa aus. Ich sehe in Gedanken noch die Aufwaschschüssel mit einem grauen Fettrand über dem erkalteten Wasser. Mit dem Finger musste ich ihn grob abstreichen, bevor ich das Wasser in den Schweineeimer schüttete. Dieses Aufwaschwasser ohne Imi verwendete Mutter beim Schweinefüttern. Ich hatte damals schon den Verdacht, dass deshalb so selten Imi gekauft wurde.

Den hässlichen Geruch mancher Aufwaschlappen werde ich ebenfalls nicht vergessen. Mit Wasser wurde gespart, weil der Brunnen zu weit entfernt lag, mit Imi wurde gegeizt, weil das Geld knapp war, und heißes Wasser allein hatte auch seine Grenzen. Von Hygiene oder gar Keimfreiheit redete damals niemand, dennoch erinnere ich mich nicht an Salmonellenbefall oder Hautallergien, unter denen auch ich heute leide.

Ata war seit eh und je ein derbes Scheuermittel, es kam bei hartnäckigem Schmutz zum Einsatz und konnte noch durch eine Bürste unterstützt werden. Ich erinnere mich, dass Mutter beim Ausscheuern von Topfböden den Aschekasten aus dem Herd zog und den Aufwaschlappen in die Asche drückte. Asche ersetzte bei uns oft das Scheuermittel, daran änderte auch mein Ekel davor nichts. Mutter behauptete dann immer, dass Asche das Natürlichste auf der Welt sei und dabei nicht einmal etwas koste.

Soda war ein stärkeres Mittel als Imi, wurde oft zum Abseifen von Küchenmöbeln oder dreckigen Griffstellen an Türen benutzt. Im scharfen Sodawasser brannten schnell die Hände und wurden rissig.

Beim Fensterputzen rieb man die Scheiben mit Sidol ein, ließ das Mittel antrocknen und rieb es danach wieder ab. Sidol war ein weiße Flüssigkeit und konnte auch als Putzmittel für Wasserhähne und Türklinken aus Messing gebraucht werden, aber beides besaßen wir nicht. Unsere Mutter kaufte selten Sidol, sie putzte die Scheiben mit Essigwasser und einem Fensterleder, welches sie noch aus Friedenszeiten besaß. Mit den Jahren zerfledderte es aber immer mehr, und so rieb sie die Fensterscheiben dann mit Zeitungspapier blank.

Zum Säubern der Fußböden wurde nur reines Wasser genommen, manchmal auch das übriggebliebene Persilwasser einer vorangegangenen Wäsche. Im Winter nach dem Schlachten scheuerten die Bäuerinnen die Fußböden mit Kesselsuppe. Vom Fett dieser Kesselbrühe glänzten die Steine etwas, und die Fußbodenbretter bekamen ein dunkleres Aussehen. Ich ekelte mich vor dem Wischen mit der Kesselsuppe und weigerte mich, es zu tun. Noch lange hing in den Zimmern der Schlachtgeruch, und es dauerte, bis das Scheuerwasser nicht mehr fettig war.

Bohnerwachs oder ähnliches brachte erst lange nach dem Krieg die Fußbodenbretter und Treppenstufen zum Glänzen.

Überhaupt wurde während meiner Kindheit nicht sehr oft reinegemacht, gegebenenfalls die Küche und der Flur kurz durchgewischt oder gekehrt. Das Großreinemachen fing auf dem obersten Boden an, es war in den meisten Bauernhäusern der Fruchtboden. Dort wurden erst einmal die Ecken aufgeräumt, die Kankergespenster abgekehrt, das Fenster geputzt, der Fußboden gekehrt und die Treppe gewischt.

Danach ging es eine Etage tiefer weiter, dort, wo die

Wäsche 1961 in Tüngeda, Helga Rockstuhl.
Foto: Werner Rockstuhl

121

Schlafkammern waren. Als erstes zog die Hausfrau die Betten ab und brachte sie in den Hof zum Lüften. Hinter den Bettgestellen hatten sich einige Kanker eingenistet, die nun eingefangen wurden. Dabei fand sich auch genügend Staub und Dreck zum Wegputzen, der sich hinter den Betten angesammelt hatte.

Im Herbst füllten die Bäuerinnen die Strohsäcke mit frischem Stroh, und beim Großreinemachen im Frühjahr wurden sie ein wenig aufgeschüttelt. Staub gab es dabei mehr als genug. Von den Lampen wuschen die Frauen den alten Fliegendreck ab, und auch auf den Schränken kam der Wischlappen genauso recht wie dahinter. Nach dem Fensterputzen und dem Bettenbeziehen wurde noch der Fußboden gewischt.

Die Gardinen wurden zuallerletzt wieder aufgehängt. Übermäßig duftige Gardinen hingen damals sowieso nicht vor den Fenstern, aber ein Gardinenwaschen lohnte sich auf jeden Fall. Wenn die Hausfrau die Kammertür schloss, war wieder ein Zimmer fertig.

In den Wohnstuben gab es nicht so viel Arbeit beim Hausputz wie heute, weil kaum Nippesfiguren, Bücherregale und herumstehender Krimskrams zu den Einrichtungsgegenständen gehörten.

Das Kanapee hievten wir zusammen auf den Hof, dort klopfte ich es aus und bürstete es danach ab. Ein Nachbar besaß schon einen winzigen Staubsauger, manchmal borgte ihn Mutter, um das Sofa nicht in den Hof transportieren zu müssen. Die Küche wurde in kürzeren Zeitabständen abgeseift, denn dort spielte sich das Familienleben ab, wurde gekocht, gebacken, gegessen. Deshalb gab es immer genügend zu putzen.

Für das Fußbodenwischen besaßen wir keinen Schrubber, mit ihm wäre es auch viel leichter gewesen, unter den Betten herumzufuhrwerken. So blieb mir nichts anderes übrig, als darunter zu kriechen; weil ich so klein war, fiel es mir nicht schwer.

Beim Reinemachen oder Fußbodenwischen knieten wir auf den Halbwollenen und wischten Satz für Satz, bis der ganze Raum durchgerutscht war. Einen Satz nannte man die vor einem liegende Fläche, die der Reichweite der Arme entsprach. Zuerst wurde der Satz mit dem nassen Lappen aufgewischt, danach ein- oder zweimal getrocknet, das kam auf die Saugfähigkeit des Scheuerlappens an. Bei sehr verdreckten Böden oder Treppen musste mit der Bürste gescheuert werden, aber alles auf den Knien.

Hatte Mutter dann den großen Abtretesack vor der Haustür ausgeschüttelt und im letzten Wischwasser ausgetaucht, kamen noch die Stallfenster dran. Zuvor kehrte sie mit einem Reisigbesen alle Kankergespinste von den Wänden und Fenstern der Ställe. Vater entrümpelte die Remise, mistete die Kleinviehställe aus und räumte in allen Ecken herum.

Dann waren alle Ecken wieder eckig, und es gab genügend Platz für neuen Staub und Dreck. Auch alle Lappen waren aufgebraucht, sie wurden selbstverständlich wieder gewaschen und nicht etwa weggeworfen.

War das Großreinemachen beendet, stand einem anschließenden Fest nichts mehr im Wege.

Mit durchschlagender Kraft

Nicht in jedem Dorf war ein Arzt ansässig, in dessen Praxis die Dorfbewohner mit ihren großen und kleinen Wehwehchen hätten gehen können. Vor allem in den kleineren Ortschaften hatten die Patienten zumeist erst einmal einen gewaltigen Fußmarsch hinter sich zu bringen, bevor sie einen Doktor erreichten und ihm ihre Nöte vortragen konnten.

So erging es auch dem Bauern Lebrecht aus einem kleinen Dorf. Dieser musste ca. 10 km Wegstrecke zurücklegen, wenn er seinem Leiden, das ihn seit Tagen plagte, ein Ende machen wollte.

Es war Anfang Sommer, und eigentlich gab es überhaupt keine Zeit für einen Arztbesuch, denn die Arbeit drängte auf den Feldern. Deshalb machte sich Lebrecht auch schon in aller Frühe auf, um beizeiten wieder daheim zu sein.

Die Diagnose ward auch schnell gestellt und ein hoffentlich helfendes Elixier verordnet.

Selbiges holte Lebrecht sogleich vom Apotheker und trat voll Zuversicht den Heimweg an.

Mittlerweile war es bereits später Vormittag, und dem Bauern kribbelte es verdammt in den Fingerspitzen. Es ärgerte ihn, dass er seine kostbare Zeit auf der Landstraße vertrödelte, währenddessen auf den Feldern tüchtig gearbeitet wurde. Sein Gerstenfeld wartete seit Tagen auf einen Schnitter. Der Altbauer Lebrecht war in den ganzen Jahren bei allen Arbeiten stets vorangegangen. Selbstverständlich würde ihm sein angehender Schwiegersohn bei der Mahd helfen, aber das Kommando wollte der Bauer dem Grünspund noch nicht übergeben.

Bei allem Grübeln kam Lebrecht auf die Idee, eventuell schon unterwegs etwas für seine Genesung zu tun. Er wollte die Stunden einfach nicht so nutzlos verstreichen lassen. Gedacht, getan!

Lebrecht kramte die Arzneiflasche aus der Jackentasche hervor und nahm schon einmal einen derben Schluck aus der Pulle. Danach schüttelte er sich kurz, weil es ein ganz erbärmliches Teufelszeug war. Was schnell gekommen ist, musste auch schnell wieder gehen, so dachte Lebrecht. Immer kürzer wurden die Abstände zum erneuten Griff nach der Pulle, und er war erstaunt, als er kurz vor'm Ortsschild seines Dorfes feststellte, dass die Flasche tatsächlich schon leer war.

Offensichtlich zeigte diese Tinktur auch bereits ihre Wirkung, denn der Bauer fühlte sich schon sehr viel besser. Lebrecht überlegte gar nicht lange, knöpfte geschwind sein Schmießchen ab und streifte die Stulpen von den Gelenken. Im Handumdrehen steckte er wieder in seiner Arbeitskluft, und einen hastig geschmierten Fettfladen schob die Bäuerin für unterwegs in seine Hosentasche. Der Schwiegersohn wartete bereits im Hof auf neue Order. Zusammen hockten sie die Sensen auf und marschierten zum Gerstenstück. Sie hatten Glück, alle Halme standen noch aufrecht und waren nicht als Lager auf die Erde gefallen.

Doch kaum waren die ersten Schwaden (Reihe abgehauenes Getreide) gehauen, rumorte es mordsmäßig in Lebrechts Gedärm herum, und der Bauer musste sich ziemlich beeilen, das nächste Gebüsch am Feldrain zu erreichen. Als Lebrecht danach wieder die Hose zuknöpfte, das Wetzfass hinter den Hosenbund schob und die Sense aufnahm, verspürte er im Moment etwas Erleichterung. Aber dieses beruhigende Gefühl hielt nicht lange vor.

Schon kündigte sich die nächste Ladung an, der rettende Busch als Sichtschutz wurde in letzter Sekunde erreicht. Nun forderte die allzu hastig eingenommene Arznei ihren Tribut. Das ständige Hin und Her brachte Lebrecht total aus der Fassung. Wenn das so weiterginge, würde wohl der Acker bis zum Abend nicht fertig werden, befürchtete der Schnitter.

Immer öfter musste Lebrecht die Sense ablegen und zum Busch rennen. Unterwegs Wetzfass abhängen, Hosenträger runter, Hose „linkmachen" usw. ... Das ganze Theater wurde Lebrecht schließlich zu bunt. Er zog ganz einfach die Hose aus, holte einen Strick aus der Hosentasche, band ihn um den Leib und befestigte das Wetzfass daran. Sein Schwiegersohn betrachtete das Schauspiel schweigend. Er würde sich hüten, seinen Kommentar dazu zu geben. Ein falsches Wort könnte auf immer die Beziehung verderben und außerdem war er nicht erpicht darauf, die restliche Gerste allein zu hauen.

So war es nun für Lebrecht im Hemd leichter geworden. Es wäre ja auch gelacht, wenn man sich von so einem Scheißkram unterkriegen ließe, da waren Lebrecht im Kriege schon ganz andere Dinger passiert. Die beiden Bauern hauten und hauten, bis der letzte Halm auf dem Schwaden lag. Zufrieden wischte sich Lebrecht mit dem Hemdsärmel den Schweiß von der Stirn, zog seine Hose wieder an, streifte die Hosenträger hoch und hängte das Wetzfass an den Hosenbund. Mit aufgehockter Sense war der Schritt auf dem Heimweg etwas langsamer als sonst, aber der Altbauer war zufrieden mit sich und der geschafften Arbeit.

124

Es riecht nach Herbst

Schneegänse zeichnen Figuren am Himmel,
sie fliegen gen Süden nach innerer Pflicht.
Noch schickt uns die Sonne spärliche Strahlen,
doch bald schon verschleiern die Nebel ihr Licht.

Schon ziehen die ersten Nebelschwaden durchs Tal.
Die Sonne zerreißt sie mit allerletzter Kraft.
Auch der Altweibersommer wärmt ein letztes Mal.
Es riecht nach Herbst, nach Stroh und nach Holundersaft,

nach feuchter Erde, überreifen Früchten,
nach zuckersüßen Trauben und nach süßem Wein.
Es riecht nach gold'nem Herbst, den ich genieße,
genüsslich saug' ich all' die süßen Düfte ein.

Schon riecht es nach dem ersten Gänsebraten,
nach eingestampftem Sauerkraut und trock'nem Dill,
nach frischem Pflaumenkuchen und Apfelmus...
Es riecht den Herbst nur der, der ihn genießen will!

Bockwindmühle Tüngeda im Nebel. Foto: Harald Rockstuhl 2004

Der Herbst

Kalt war es geworden, denn der Herbst unterschied sich nicht von der dritten Jahreszeit der heutigen Tage. Es war und ist die Zeit der Ernte, aber auch die Zeit des Abschieds vom Jahr. Herbst ist die Zeit der Reife und die Zeit des Dankes.

Der Herbst mit seinen vielen warmen Farben und seiner angenehmen Zeit des Altweibersommers will uns Menschen noch einmal Trost sein für das Entbehren und Verzichten des nahen, kommenden Winters.

Auch wir Kinder spürten diesen nahen Winter, herzdurchdringende Krähenrufe machten darauf aufmerksam. Noch einmal tobten wir uns richtig aus bei den Laubschlachten unter den großen Bäumen der Dorfplätze.

Laub einfahren und Laubschlachten, wie auch der Bau eines Drachens und sein Steigen lassen, füllten die Herbsttage aus.

Die Tage wurden kürzer, und bevor wir auseinander gingen, spielten wir in der Dämmerung schnell noch die eine oder andere Runde Verstecken. Ich erinnere mich, wie viel Spaß wir Kinder bei diesem einfachen herbstlichen Spiel hatten, es passte so gut zu der gespenstigen Dunkelheit.

Zu unseren Spielen im Herbst gehörte das Stelzenlaufen, das aber etwas Balance und Geschick voraussetzte. Die Jungen bauten auch diese Stelzen selbst. Je höher sie waren, desto stolzer stakste der Besitzer auf ihnen herum.

Die Schilderungen über den Herbst der vergangenen Zeit könnten den Eindruck erwecken, als hätten nur Freude und Frohsinn die Tage bestimmt. Wenn wir uns zurückerinnern, so werden wir zugeben müssen, dass es wahrlich eine schöne Zeit war, aber sie verlangte auch von jedem Einzelnen einen vollen Einsatz bei der Arbeit, da wurden Kinder nicht ausgenommen.

Wir haben diese Zeit deshalb als schön in der Erinnerung behalten, weil wir Menschen auf dem Dorf einfach und zufrieden lebten. Wir versuchten aus dem Nichts etwas zu machen, und entsprechend stolz waren wir auf einen kleinen Erfolg.

Vielleicht unbewusst versuchten wir alle den letzten sonnigen Tagen des Herbstes etwas abzugewinnen, um Freude zu speichern für die bevorstehende harte Zeit. Nach getaner Feldarbeit bot der Spätherbst mit seinen langen Abenden stets die Gelegenheit für ein geselliges Beisammensein. Was für unsere Großmütter noch die traditionellen Spinnstuben darstellten, in denen vorwiegend die Hochzeitsaussteuer gefertigt wurde, daraus entwickelten sich allmählich die Spinnten, Kränzchen oder Gesellschaften. Wenn auch die Bäuerinnen und Landfrauen die Aussteuer für ihre Söhne und Töchter nun im Textilladen kauften, wartete noch genügend Handarbeit auf die geschickten Frauenhände. Zu kunstvollen Pullovern oder Strickjacken fehlte nach dem Krieg die Wolle, aber Strümpfe, Handschuhe, Schals und Pulswärmer, so genannte Müffchen, konnten nicht schnell genug fertig werden und waren auch aus aufgetrennter Wolle gestrickt sehr begehrt.

Auch die Herren waren bei den Spinnten mit von der Partie. In den warmen Stuben klopften die Männer einen zünftigen Skat und strapazierten dabei die Tischplatten über alle Maßen. Auch ein ausgedehntes Schwätzchen über die Neuigkeiten im Dorf gehörte dazu. Ein anschließendes Kaffeetrinken mit einem einfachen Butter- oder Zuckerkuchen machte aus diesen Abenden ein Erlebnis.

Auch die Jugend traf sich ab dem späten Herbst bis ins Frühjahr hinein zum Kränzchen bei den Dorfmädchen. Dort entstanden weniger handgearbeitete Strickwaren, denn die eingelassenen jungen Männer lenkten mit Pfänderspielen und allerlei lustigem Unfug von der Arbeit ab. Die Mädchen hatten zwar eine Handarbeit dabei, aber bis die Tischdecke oder das Oberhandtuch fertig bestickt war, ließ die Frühlingssonne die Kränzchen bereits wieder aufheben.

Bis in die heutige Zeit retteten sich nur ganz wenige dieser dörflichen Zusammenkünfte. Ein trauriges Zeichen für den Zerfall der dörflichen Gemeinschaft. Um so mehr genießen wir alle die alljährliche Einladung in die Spinnstube, in der über alte Überlieferungen geplaudert und Gemeinsinn gefördert wird.

Herbststurm in Friedrichswerth 1929. Im Hintergrund das Schloss.
Foto: Oskar Dorn

Das Besenbinden

Im Spätherbst, wenn alle Bäume und Büsche ihre Blätter verloren hatten und kein treibender Saft mehr floss, war es an der Zeit, Besenreisig für das kommende Jahr zu beschaffen.

Die Feldarbeit war getan, und es kündigten sich die Tage an, an denen sich die Bauern Arbeit auf dem Hof suchten. Dazu gehörte das Aufräumen und Säubern von Remisen, Scheunen und Böden. Bei all diesen Arbeiten wurden Besen gebraucht, möglichst neue, denn neue Besen kehren gut.

Der Vorrat an gebundenen Straßen-, Hof- und Stallbesen ging allmählich zur Neige und musste wieder aufgebessert werden. Einige Bauern verabredeten sich deshalb und gingen zusammen ins Besenreisig. In der dicken Joppe steckte ein Frühstück und vielleicht auch ein Fläschchen mit einem Schluck Selbstgebrannten, um bei der Kälte die Lebensgeister auf Trab zu halten.

Die Männer kannten die Fleckchen, wo die Birken wuchsen, deren Äste sich für einen Besen gut eigneten. Ein dickes Bündel Zweige schnitten sie sich zurecht, banden es mit einem Strick zusammen, steckten einen derben Knüppel hindurch und trugen die Hocke auf dem Buckel heim. Manchmal überraschte die Besenmänner auch schon mal die erste Schneestaube, wenn sie mit ihrer Last dem Dorf zuliefen.

Im Holzschuppen lag dann die Reisighocke erst einmal gut. Nun konnte das Wetter kommen, wie es wollte, für Vorrat und Arbeit war gesorgt. Auch unser Vater band unsere Besen selbst, so etwas kaufte man nicht nach dem Kriege, und außerdem gehörte das Besenbinden auf den Dörfern zur Tradition.

Zuerst wurden die einzelnen Äste in die gewünschte Länge geschnitten, dabei auf etwa 30–40 cm die kleinen Seitenästchen entfernt. Nach unten musste das Reisig buschig sein, also gut verzweigt, damit beim Kehren auch jeder Strohhalm erwischt wurde. Die Männer befestigten an einem stabilen Wandhaken einen derben Strick, welcher am unteren Ende eine Schlaufe hatte. Die einzelnen Reiser steckte der Besenbinder in die Schlaufe und zog diese fest zusammen. Nun wurde die Schlaufe immer wieder vorsichtig gelockert, neue Reiser nachgeschoben und anschließend straff angezogen. War dann der Besen dick genug und alle Reiser fest verzurrt, konnte nichts mehr verrutschen.

An drei bis vier Stellen mußte nun der obere Teil der Reiser umwickelt werden, danach war der Besen fertig und wurde aus der Schlaufe genommen. Derber Strick oder Draht war für das Zusammenbinden nötig, aber auch geschälte, frische Weide konnte die Besenreiser zusammenhalten.

128

Vater im Hof beim Reisig schneiden ca. 1956. Foto: A. Stecher, Molschleben

Sollte der Kehrbesen gleich benutzt werden, trieb der Besenbinder einen angespitzten Stiel in die Mitte der Äste und zwang ihn bis zur gewünschten Länge in das Birkenreisig.

Nun machte es Spaß, sonnabends die Straße zu kehren. In großen Bögen konnte man ausholen, und wir zauberten dabei regelrechte Fischgrätenmuster auf die Dorfstraßen.

Ein neuer Besen eignete sich auch gut zum Kankerabkehren in den Ställen und auf den Böden.

Aber mit der Zeit wurde er immer kratziger und störrischer, weil sich die biegsamen kleinen Ästchen abgenutzt hatten. Dann wurde der Straßenbesen zum Stallkratzer und tat dort noch seine Dienste. In meiner Erinnerung sehe ich ihn auch zwischen einer geöffneten Stalltüre stehen. Mit einem Strick war er am Riegel festgemacht. So kam frische Luft in die Ställe, ohne daß ein Huhn hindurchschlüpfen konnte. Hühner waren im Kuhstall nicht erwünscht wegen Krankheitsübertragungen, wie die Tuberkulose, und im Schweinestall hatten sie ebenfalls nichts zu suchen. Schweine sind Allesfresser, sie hätten auch eine Hühnerkeule nicht verschmäht...

129

Hof kehren nach Stroh abladen mit
Reisigbesen bei Edgar Bärwolf,
Molschleben.

Ein alter Stallkratzer stand oft im Kuhstall in der Jaucherinne, um angespültes Stroh aufzuhalten. War er schließlich auch dazu nicht mehr nütze, legte ihn der Bauer aufs Hackklotz und hieb ihn in zwei Teile. Dann machte der Besen seine letzte Reise unter den Kessel. So ein Reisigbesen tat seine guten Dienste, sorgte für Ordnung, kostete nichts und tanzte obendrein auf manchem Buckel und auf manchem Kickelhahnschwanz.

Straße kehren 1948 mit neuem Reisigbesen. Foto: Erich Bärwolf, Molschleben

Obwohl jeder einigermaßen geschickte Bauer ohne großen Aufwand stets einen Vorrat an Besen herstellen konnte, bekamen wir schon als Kinder beigebracht, sorgsam damit umzugehen. Beim Kehren musste der Reisigbesen ständig gedreht werden, damit er sich nicht einseitig abkehrte und kein Federwisch daraus wurde. Wir durften ihn auch nicht einfach so an die Wand stellen. Er wurde aufgehängt, damit kein „Schlump" (zerdrückt und krumm) draus wurde, mit dem es sich dann schlecht hätte kehren lassen.

Die Gerüche des Herbstes

Wohl zu keiner Jahreszeit empfanden wir die dörflichen Gerüche so intensiv wie im Herbst.

In unseren Erinnerungen sammelten sich nicht bloß unzählige Bilder vergangener Zeit, auch Gerüche speicherten unsere Sinne und bewahrten sie ein Leben lang.

Zum Beispiel ist da der Geruch von gekochten Schweinekartoffeln in der Grude, der sich im ganzen Hof und darüber hinaus verbreitete wie sonst das ganze Jahr über nicht.

Auch der Geruch von Erde ist typisch herbstlich. Durch die Kartoffel- und Rübenernte kamen die Bauern und ihre Helfer direkt mit ihr in Kontakt. Die Keller lagen voller Feldfrüchte, und aus den Kellerlöchern strömte ein feuchter Dunst nach frischer Erde.

Wurden in den Bauernküchen Zuckerrübensaft oder Pflaumenmus gekocht, verteilte sich der Duft in allen Gassen des Dorfes. Erinnern wir uns an das herbstliche Scheunendreschen, stellt sich in unseren Nasen sofort der Geruch nach Körnern, Stroh und Staub ein.

Aus den Backhäusern strömte ein fruchtiger Duft nach Zwetschgen- und Apfelkuchen, wer könnte das vergessen haben?

Die Bäuerinnen holten im Herbst die Winterasterstauden aus der Erde und pflanzten sie in Eimer und Kübel. Im Hausflur standen die Stauden den ganzen Winter über, und alle Knospen kamen zum Erblühen. Dieser typische Chrysanthemengeruch hat sich ganz besonders in mir festgehakt. Er erinnert mich noch heute an die letzte Freude und den Abschied.

Auch der Duft von Bündeln mit getrocknetem Dill, der zur Sauerkrautbereitung gebraucht wurde, gehört zum Herbst. Fässer voller Sauerkraut, die im Keller ihre Gärung ausdünsteten, zählen ebenfalls zu den herbstlichen Gerüchen. In den Küchen standen viele Weinballons, die ihre letzten Gluckser hervorbrachten, und damit wie beim Aufstoßen einen säuerlichen Geruch aus dem Gärröhrchen preßten.

Obwohl unter den Obstbäumen selten ein Apfel oder eine Birne dem Verderben preisgegeben war und verfaulte, so kam es doch gelegentlich vor, und der weinähnliche Geruch verband sich mit dem des sterbenden Grases.

An den Obstbäumen, die in unserer Kindheit alle Feldwege und Gräben einrahmten, wuchsen überlieferte, widerstandsfähige Obstsorten, diese hatten einen besonderen starken, sortentypischen Geruch, anders als das Kernobst in den vollen Regalen eines modernen Supermarktes. Ich denke dabei an den Gelben Edelapfel, Grafensteiner, Bohnenapfel, den Boskop, an das Schafschnäuzchen oder die Renetten.

Wenn ich als Kind unter dem Walnussbaum einer guten Nachbarin die Nüsse auflesen durfte, so erinnere ich mich noch genau an den strengen Geruch des Walnusslaubes, der jedes Mal in meine Nase stob, sobald ich mit den Füßen die abgefallenen Blätter durchwühlte.

Der Herbst brachte viel Feuchtigkeit und Nässe mit sich. Die Dorfstraßen waren aufgeweicht und zerfahren von den vielen Kuh- und Pferdegespannen, die Unmengen an Feldfrüchten zu transportieren hatten. Während ihrer Arbeit, also während des Laufens, verrichteten die Huftiere ihre großen und kleinen Verdauungsgeschäftchen, und entsprechend stark roch es auch auf den Dorfstraßen nach frischem Dung mit Schlamm vermischt. Nicht zu vergessen sind die Misthaufen auf den Bauernhöfen. Sie dünsteten ihre Wärme und damit auch ihren Gestank aus. Im Herbst dominierten diese Gerüche im ganzen Dorf.

An regnerischen Tagen strapazierten die Mist- und Jauchegruben die Geruchsnerven unserer Nasen ziemlich mit der bekannten Landluft. Entlang einer jeden Straße verliefen offene Entwässerungsgräben, die, mit einem hohen Anteil von Jauche angefüllt, mehr oder weniger träge einem größeren Bach oder Flüsschen zuliefen. Dies zählte genau wie der penetrante Geruch des dörflichen Ziegenbocks zur herbstlichen Deckzeit, zum Leben auf dem Lande. Ein ganzes Dorfviertel litt wochenlang unter dieser Belästigung, über die aber nie ein Wort verloren wurde. Ich musste als Kind täglich öfter am Hof des Hutmanns, der einen solchen Bock besaß, vorüber gehen. Wenn ich mich bei meiner Mutter wegen des Gestanks ausließ, dann antwortete sie einfach: „Ach beschiß dech nech!"

Wir Kinder verließen fluchtartig unseren Spielplatz, wenn wir rochen, dass in der Nähe Seife gekocht wurde. Es kam nicht oft vor, dass sich noch ein Bauer auf die uralte Technik verstand, aus einem Tierkadaver Seife zu kochen. Bei der wohl riechenden und parfümierten Toilettenseife, die heutzutage unsere Nasen verwöhnt, vergessen wir allzu leicht, dass sie auf ähnliche Weise entstanden ist, wie die grauen, etwas schmierigen Seifenstücke, die das Endprodukt eines chemischen Vorganges aus dem Waschkessel waren. Die Seife hatte einen sehr eigenartigen Geruch, weil sie nicht gereinigt und parfümiert war, aber zum Hände- und Füßewaschen, oder für die große Wäsche, musste sie einfach genügen. Damals, als die Not am größten war, konnte nichts so wertlos sein, als dass es nicht doch noch zu etwas Brauchbarem umfunktioniert werden konnte. Der praktische Wert einer Sache war ausschlaggebender, als der Geruch gewertet wurde.

Zur damaligen Zeit konnte man die Dinge, die einen angenehmen, oder gar einen betörenden Duft ausgeströmt hätten, an den Fingern abzählen. Die im Haushalt oder bei der Wäsche äußerst sparsam verwendeten Reinigungsmittel vermochten nicht gerade unsere Nasen zu verwöhnen.

Zu den angenehmen Gerüchen zählte, wenn in einer Küche Holundersaft gekocht wurde, und es weithin zu riechen war. Uns Kindern lief dabei schon einmal das Wasser im Munde zusammen.

Und nicht zuletzt denke ich an einen kleinen, herbstlichen Feldstrauß mit seinem bescheidenen Blütenflor. Schafgarbe, Wegwarte, Hauhechel oder sogar eine blaue Kratzdistel waren die letzten blühenden Lebensboten der Natur. Wir sogen ihren Duft ganz besonders tief ein, und er blieb in uns bis in die heutigen Tage.

Ich wünschte, daß uns allen diese typisch herbstlichen Gerüche, auch die strengen und etwas penetranten, erhalten blieben, weil sie uns tief an eine Zeit erinnern, die mehr und mehr dem Vergessen preisgegeben ist!

Drachen im Wind

Zu einem typischen Herbsthimmel gehören nicht bloß riesige, graue Wolkengebilde oder Formationen von Zugvögeln, es gehören auch die vielen Drachen dazu, die mit den hoch fliegenden Herzen der Kinder in schwindelnde Höhe steigen. Der uralte Menschheitstraum vom Fliegen mag wohl damit zusammenhängen.

Sein Taschengeld in einen Drachen zu investieren, das setzt heutzutage sicher etwas Romantik voraus, aber leider keinerlei eigene Kreativität. Und gerade diese kindliche Kreativität stand noch vor 50 Jahren, zu meiner Kinderzeit, im Vordergrund. Wer sich damals nicht selbst zu helfen wußte, oder keine erfinderischen Freunde hatte, der erstickte buchstäblich in der eigenen Langeweile.

Zu allen Zeiten gab es mehr oder weniger passionierte Drachenbauer. Die besten unter ihnen bauten herrliche, große Drachengebilde, die hoch in den Himmel stiegen, dort mit den Vögeln und Herbstblättern um die Wette flogen und danach wieder völlig unbeschadet zur Landung kamen. Die weniger geschickten Jungen freuten sich schon, wenn ihre Eigenbaukonstruktion eine Weile in niedriger Höhe schwebte. Sie waren oft dem Weinen nahe, wenn ihr Drachen jäh zu Boden stürzte wie der Schneider von Ulm.

Die wenigsten Kinder wussten etwas über Aerodynamik, die Lehre von Luftströmungen und ihren Kräften, oder die Gesetze der Balance. Sie bauten ihre einfachen Drachen nach überlieferten Beschreibungen oder den eigenen Vorstellungen.

Oft half dabei der gute Rat eines Großvaters, bei dem vom Zuschauen noch einmal Kindheitsträume aufflammten. Zum Drachenbau brauchten die Jungens Holzleisten, Papier, Leim, kleine Stifte oder Nägelchen und Strick. Für ein Kind der heutigen Zeit sicher unvorstellbar, dass selbst diese einfachen Materialien nach dem Krieg nur unter schwierigen Umständen zu beschaffen waren.

Die altbewährten Kuddelgeschäfte untereinander florierten da vortrefflich. So wurde Papier gegen Strick, oder aber Strick gegen Holzleisten getauscht. Überhaupt konnte sich ein jeder Junge glücklich schätzen, wenn er vom dörflichen Stellmacher, Schreiner oder dem Böttcher sechs dünne Holzleisten zugeschnitten bekam, denn diese waren nötig für den Bau des Drachenviereckes.

Auf den langen Mittelstab nagelten die kleinen Flugzeugbauer in das vordere Drittel das Kreuz auf. Danach wurden die vier entstandenen Ecken mit Leisten umschlossen. Das war leichter gesagt als getan, denn selten waren die passenden Nägel zur Hand, die ein Platzen des schwachen Holzes verhinderten. Sie waren ebenso Mangelware wie das nötige Papier zum Bespannen des Drachengerüstes. Aber wie immer fiel den Tüftlern etwas ein. Sie trennten Papiersäcke auseinander, die zumeist dreilagig waren und in jedem Bauernhof vorrätig. Auch das Roggenmehl gab es in jedem Bauernhof, aus ihm buken die Bäuerinnen das Brot. Ein wenig von diesem Mehl genügte, und die Jungen rührten mit Wasser einen dicken Kleister an. Waren die Leisten damit bestrichen und das Papier glatt darüber geklebt, sah das Gebilde einem Drachen schon sehr ähnlich. Nur der Schwanz fehlte noch, er war wichtig für die Steuerung des Flugkörpers. Er bestand aus einem Strick, an dem in kleinen Abständen Schleifen aus Zeitungspapier festgebunden waren. Die Länge des Schwanzes musste mit der Größe des Drachenvierecks in einem angemessenen Verhältnis stehen. Das Verhältnis war Erfahrungssache, und so wurde der Schwanz draußen bei der praktischen Erprobung manchmal gekürzt oder auch verlängert. Als Führung liefen drei kurze Stricke von den Kreuzenden und dem Schwanzansatz unter dem Kreuzpunkt zusammen. Daran war die Steigleine angeknotet. Ihre Länge richtete sich damals nach dem Organisationstalent des Drachenbauers.

War nun der Drachen fertig und über Nacht der Kleister getrocknet, erfasste die Jungen eines Dorfes regelrecht das Drachenfieber und entsprechend reduzierte sich deren Aufnahmefähigkeit in den letzten Unterrichtsstunden der Schule. Alle Kinder stürmten hinaus auf eine kleine Anhöhe hinter dem Dorf. Die Jungen liefen mit ihren Drachen schräg in den Wind, und wenn sie sich in die Lüfte schwangen, hatte sich die Arbeit gelohnt. Rasch sauste die Leine durch die kleinen Finger der Kinder, und alle hofften, dass der Lundemannstrick auch wirklich hielt.

Mit der Beschaffung des Strickes war es auch so ein Kapitel. Der haltbare Sisalstrick, wenn überhaupt vorhanden, durfte für derlei Spielerei nicht verschwendet werden. Eventuell rückten die Väter eine Rolle Papierstrick heraus. Wie es dabei mit der Haltbarkeit aussah, sagte schon der Name. So kam es nicht selten vor, daß die Leinen rissen, wenn der Wind gar zu heftig an ihnen zerrte. Dann machte sich der Drachen selbständig und schoss rasch mit dem Wind davon. Die Jungen liefen ihm bangend nach, aber er kam nur selten heil zur Erde zurück. Wir Mädchen standen in gebührender Entfernung und waren geduldete Zuschauer. Technisch zu ungeschickt, um auch nur so etwas Ähnliches wie einen Drachen auf die Beine zu bringen. Ganz ausgeschlafene Jungen verstanden es auch noch „Post" zum Drachen hinaufzuschicken. Dabei wurde ein langer Streifen Zeitungspapier lose an die Steigleine geknotet. Bekam der Wind den Papierfetzen zu fassen, trieb er ihn in einem Affentempo an der Leine entlang bis hinauf zum Drachen. Wenn das gelang, war der Jubel groß, und die Kinder strahlten vor Glück.

So waren der Drachenbau und der Drachenflug seit eh und je ein Herbstvergnügen der besonderen Art. Damals war es ein selbst gebautes Glück, gratis und mit sehr viel Spaß und Selbstbestätigung verbunden.

Auf jeden Fall blieb dieses herrliche Bild vom drachendurchzogenen Herbsthimmel in meinem Gedächtnis, und die Erinnerung daran bereichert noch heute meinen Alltag. Ich wünsche viel Spaß beim Drachenbau und günstigen Wind beim Probeflug!

Frank Rockstuhl im Herbst 1983 auf dem Tüngedaer Sportplatz mit einem Eigenbauflugzeug. Ein Agrarflieger (wie im Hintergrund zu sehen) gilt als Vorbild. Foto: Harald Rockstuhl

136

Herbstlaub

Im Herbst, wenn die bunten Blätter haufenweise unter den Linden, Kastanien, Akazien und Buchen lagen, verwandelten sich die Lindenplätze in wahre Kinderparadiese. Da gab es zünftige Laubschlachten mit vielen Tobereien.

Das Laub rechten wir nicht nur für unsere Schlachten auf riesige Haufen, wir Kinder fuhren es auch nach Hause, wo es in den Ziegenställen als Strohersatz von Nutzen war.

Mein Bruder hatte den Handwagen aus der Remise gezerrt und unsere Ziege vorgespannt. Unsere Liese trug ein ledernes Zuggeschirr wie eine Kuh, es wurde von vielen Kinder neidisch betrachtet. Dieses Geschirr hatte mein Bruder irgendwoher gekuddelt *[gekuddelt = getauscht]*, der Stolz über diesen Handel war ihm anzusehen. Mit geschwellter Brust saß er auf dem Sitzbrett des Handwagens und hielt die Zügel straff in der Hand. Gern hätte ich auch einmal auf dem Kutscherbock gesessen, aber ich durfte mich höchstens hinten in den Handwagen setzen. Ein kleiner Unterschied mußte eben sein.

An Gründen für Streitigkeiten mangelte es bei uns beiden nicht, und was anfänglich wie eine Laubschlacht aussah, endete oft auch mit Tränen.

Nicht selten befanden sich in den Blätterhaufen auch mit zusammengerechte Steine, die bei der hektischen Laubschlacht den Gegner unbeabsichtigt verletzen konnten. Das ausgelassene Spiel ließ uns die Blätterberge immer wieder auseinanderwirbeln und zusammenrechen. Der den Blättern anhaftende Staub befand sich anschließend an unseren Kleidern und in den Haaren.

An diesem Herbstspaß beteiligten sich viele Kinder des Dorfes, fast alle hatten eine Ziege im Stall und wollten für billige Streu sorgen. Die Stallstreu mußte jedenfalls als Vorwand für unsere Tobereien herhalten.

Nicht nur das Laub war von den Bäumen gefallen, mit ihm auch die Samen der Kastanien und Eicheln. Aus ihnen bastelten wir zusammen mit abgebrannten Streichhölzern alle möglichen Tiere und Figuren, wie wir es im Kindergarten gelernt hatten.

Auch die Kinder des Kindergartens bevölkerten vormittags die großen Dorfplätze, um die Samen der dort wachsenden Kastanien und Eicheln aufzusammeln.

An einem der Kriegerdenkmale stand eine Blutbuche, unter ihr wurden die herabfallenden Blätter wieder und wieder nach den braun glänzenden

Ziegengespann, fertig zum Laubeinfahren, 1934. Foto: B. Keil, Kölleda

Bucheckern durchwühlt. Ich erinnere mich, dass dieses Bucheckernsammeln vorwiegend zu den Beschäftigungen der Schüler während der Schulpausen gehörte. Einige Eckern in der Schürzentasche verführten mich auch oft dazu, mit dem Knabbern nicht erst bis zur Pause zu warten, aber das hatte natürlich heimlich zu geschehen. Einige Umsiedlerkinder erzählten, dass sie im Wald zusammen mit ihren Eltern Bucheckern für etwas Öl gesammelt hätten. Ich glaubte es nicht so recht, weil ich nur Mohn-, Raps- oder Leinöl kannte.

In einigen Bauernhöfen befanden sich zu jener Zeit kleine Ölmühlen. Heimlich konnte dort eine winzige Menge Öl für die Küche gepreßt werden. Die dafür nötigen Ölfrüchte wurden irgendwie von der Ablieferungsmenge abgeknapst.

Die Umsiedler besaßen keine Ölfrüchte, und so glaubte ich später doch, daß ihnen die mühsam gesammelten Bucheckern aus der größten Not geholfen haben.

Arno Schneider ca. 1900. Foto: Otto John, Dachwig

Wenn der Wind über die Haferstoppeln weht

Sind die heißen Tage des Spätsommers vorüber, ist auch ein Großteil der schweren Feldarbeit geschafft. Die Schneidernte haben wir älteren Dorfbewohner schon noch als eine ziemliche Tortur in Erinnerung. Die mörderische Hitze vergisst kein Bauer und kein Erntehelfer, der irgendwann in seinem Leben einmal half, die Ernte einzubringen. Egal, ob er das Getreide mit der Sense mähte, die Ähren abrappte und zu Garben legte oder ob er, wie ich es als Kind tat, Stricke oder Strohseile austeilte und die Bündel zu handlichen, festen Garben zu binden hatte.

Alle Arbeiten forderten von den Beteiligten die letzte Kraft. Da war die quälende Hitze nur das i-Tüpfelchen auf einem insgesamt anstrengenden Arbeitstag. Wer von uns Älteren kann sich nicht noch an die mehrere Zentimeter dicke Staubschicht auf den Feldwegen erinnern, die sich durch die vielen schweren Fuhrwerke gebildet hatte? Aber auch den Ausspruch, dass der Herbst gekommen ist, wenn der Wind über die Haferstoppeln fegt, hab' ich nicht vergessen.

139

Und tatsächlich werde ich in jedem Jahr an diesen Bauernspruch erinnert. Obwohl tagsüber noch eine brütende Hitze über dem Land liegt, werden die Nächte ganz allmählich kühler. Aber die Hitze gehörte zur Schneidernte dazu, denn nur so wurden die Garben scheunentrocken und für den Drusch geeignet. Für die Tiere war so ein Sommer auch kein Zuckerlecken, denn die Hornissen und Bremsen ließen ihnen keine Ruhe. Manchmal waren sie so zerstochen, dass man in ihrem Fell kleine Blutströpfchen sehen konnte. Es war eben für Mensch und Tier eine arge Plage.

Ein jeder Bauer hatte das Bestreben, seine Ernte gut und trocken in die Scheune zu bekommen. Auch in der heutigen Zeit ist die Arbeit mit dem Mähdrescher und der Strohpresse von einem trockenen Erntegut abhängig, aber schon nach wenigen Stunden ist das Feld geräumt, und alles ist unter Dach und Fach. Da waren früher doch einige Wochen nötig, bis die Sense, der Grasmäher oder der Mähbinder das Korn gemäht, bis die Garben gebunden, aufgestellt, getrocknet und schließlich aufgeladen und in die Scheunen gebanst waren. Eine gute Ernte zählte als eine Art Lohn für die kräftezehrenden Arbeiten auf dem Acker. Natürlich hing auch Gottes Segen vom Erfolg der Ernte ab, denn all die fleißigen Hände zählten nichts, wenn Unwetter das Erntegut verdarben. In früheren Zeiten, außerhalb meiner Erinnerung, versammelten sich schon am Tage des Erntebeginns die Bauern mit den Erntearbeitern unter Glockengeläut in der Kirche. Dort wurden die Erntehelfer mitsamt dem Werkzeug gesegnet. Um 1900 herum hatte der Vorarbeiter erst nach dem Vaterunser das Getreidefeld anzuhauen. In manchen Gegenden Thüringens hielten Dorfpfarrer eine Feldpredigt.

Wenn im Spätsommer das Wetter passte, trockneten die aufgestellten Getreidepuppen innerhalb weniger Tage, und die Erntewagen mit dem Ladezeug wurden aus den Scheunen und Remisen gehievt. Wochenlang waren die Feldwege und Dorfstraßen geprägt von Kuh- und Pferdegespannen, die gut oder schief geladene Getreidefuhren in die Scheunen transportierten.

Schönschreibstunde

Unsere Mutter hatte eine sehr laute Aussprache, deshalb konnten auch die Nachbarn oft auf der Straße hören, was gerade in unserer Küche vorging. Dort saß mein Bruder Hans mit hochrotem Kopf am Tisch und versuchte krampfhaft seine Schularbeiten zu beenden. Zum wiederholten Male riss

*Harald und Karin Rockstuhl in
Tüngeda 1964.
Foto: Werner Rockstuhl*

141

Mutter die Schultafel an sich, wischte mit fahrigen Bewegungen das Geschriebene aus und schrie meinen Bruder an.

Schließlich kam die Mahnung, dass es die letzte Chance wäre, endlich ordentlich und richtig zu schreiben! Ob Hans nun wirklich sein Bestes versuchte, oder ob ihm die leidige Sache mit den Schularbeiten eher egal war, sah man seiner Miene nicht an.

Auf jeden Fall reichte er Mutter mit verängstigtem Blick die Schultafel. Es gab einen kräftigen Schlag, und um den Hals meines Bruders hingen die drei restlichen Leisten des Tafelrahmens. Alles andere prasselte laut zu Boden. Mutters Geduldsfaden war wieder einmal gerissen, sie schlug dabei in einem Anfall von Wut die Tafel auf den Kopf von Hans und besah nun die Scherben, welche vollends auf dem Küchenboden zerschellten.

Für einen Moment wurde es ganz still, es war das Ende der Schönschreibstunde.

Keinem Kind kann ich diesen Umgang wünschen, welcher da in meinem Kopf hängen blieb, und der meine Gedanken nun schon viele Jahrzehnte beschäftigt. Viele Kinder wuchsen unter genau solchen, oder ähnlichen Umständen auf, und sie hatten keine Möglichkeit da heraus zu kommen, oder sich dagegen auch bloß zu wehren.

Nachbar Rosa

Eine besondere Anziehungskraft für mich hatte der große Walnussbaum in Nachbar Rosas Garten. Die Nüsse wurden nicht von den Ästen geschlagen, sie konnten in Ruhe reifen. Wir warteten, bis ihre „Igel" platzten, und die Nüsse herauspurzelten. Meist war auch das Laub schon etwas gefallen, und der leicht modrige Geruch der Blätter verbreitete sich im ganzen Garten. Mit den Füßen durchstöberte ich jeden Winkel nach Nüssen und freute mich, wenn ich bei Nachbar Rosa einen vollen Korb davon abliefern konnte. Zum Trocknen kamen sie auf große Siebe.

Hinter dem Haus stand eine Steinbank, dort saß ich oft und knackte mir Nüsse auf, bis mein Appetit gestillt war. Nachbar Rosa hatte nichts dagegen, es war eine gute Frau, bei ihr fühlte ich mich wohl. Ich half ihr gern bei der Hausarbeit, oder ich wühlte mit Nachbar Arno im Stall herum, es machte mir einfach mehr Spaß als zu Hause. Vielleicht auch deshalb, weil man nicht mit Lob geizte, wenn ich es verdient hatte, und ich mußte nicht ganz allein die Arbeit verrichten.

Im Garten stand auch ein großer Birnenbaum, „Gute Graue", so hießen die kleinen saftigen Birnen, die ich sehr genoss. Auch eine Kuckucksuhr gehört zu meiner Erinnerung an Nachbar Rosa. Niemand besaß eine solch schöne Uhr, ganz schwarz war sie mit feinen Holzschnitzereien. Oft vergaß ich meine Arbeit zu Hause, weil ich immer wartete, bis der Kuckuck noch einmal heraussprang. So verging die Zeit schnell und die mir aufgetragenen Aufgaben blieben unerledigt.

Für dieses kleine Stück Glückseligkeit nahm ich schon einmal ein paar Ohrfeigen in Kauf.

Schwiegermutter Hedwig Gewalt, Kleinfahner, als Kirschpflückerin, ca. 1919. Sammlung: Hannalore Gewalt, Kleinfahner

*Morgennebel
im Eichsfelder Westerwald
Foto: Werner Schäfer*

144

Herbstgedanken

Die bunten Astern sind verblüht,
der Sommer setzt das letzte Pfand.
Wie sich die Sonne auch bemüht,
der Herbst gewinnt die Oberhand.

Entkräftet gibt der Sommer auf,
sein letzter Donner zürnt und poltert.
Erschrocken ist der Maler Herbst
über den Farbentopf gestolpert.

Braune, rote, gelbe Töpfe
kippten um, sind ausgeflossen:
So prächtig bunt hat sie der Herbst
über die Natur vergossen.

Hier 'nen Tupfer, dort einen Klecks,
rasch ist das Bild komplett.
Nun klebt an jedem Baum und Strauch
ein buntes Etikett.

Die Schwalbenpaare sammeln sich
und halten Abschiedsschwatz.
Verstehen kann den Umzug nicht
Specht, Meise, Fink und Spatz.

Spätreife Trauben hängen schwer,
die letzte Ernte wird geborgen.
Nicht nur der Mensch, auch das Getier
muß für den harten Winter sorgen.

Hasenbraten

Es war ein strenger Winter, das Wild kam bis ins Dorf, um in den Hausgärten nach Futter zu suchen. Da und dort stand noch ein vergessener Rosenkohlstengel, oder die Strunke der eingeschlagenen Krautköpfe ragten verräterisch aus dem Schnee heraus. Es waren geradezu einladende Futterplätze für hungrige Mägen.
Am hinteren Zaun des Bauern Rudolf fehlten einige Staketen, so war dort ein willkommenes Schlupfloch für die Hasen entstanden. Dem Bauern fie-

len eines Tages Hasenspuren neben seinem Grünkohlbeet auf, und ihm lief bei dem Gedanken an einen Hasenbraten schon das Wasser im Mund zusammen. Gegen Mitternacht, als er die ungebetenen Nager wieder auf seinem Grünkohlbeet wähnte, schlich der Bauer um seinen Hausgarten herum zum hinteren Zaun und verstellte das Schlupfloch mit einem Brett. Im Mondenschein war es nun gar nicht schwer einen Hasen zu jagen. Einige entkamen zwar durch undichte Zaunstellen, aber den größten von ihnen zerrte der Wilddieb schließlich doch ganz außer Atem aus einer Hecke, in der sich der Gejagte verkrochen hatte.

Nun würde es am Sonntag auch ohne Jagdschein einen deftigen Hasenbraten geben, freute sich der heimliche Jäger.

Seine Frau Thekla sollte den Braten zu einem Festessen herrichten, nach altem, überliefertem Rezept. Danach musste der Bursche erst einmal etwas abhängen, dann abgezogen, ausgenommen und in eine Beize eingelegt werden. Anschließend spickte Thekla die Keulen und den Rücken mit Speck und briet den Hasen schon sonnabends vor, falls er doch zu lange zum Garen brauchen würde.

Ehe Thekla schlafen ging, stellte sie die Bratpfanne in die Speisekammer. Sie übersah dabei das noch offenstehende Fensterchen. Prompt wurde Nachbars Kater vom Hasenduft angelockt, schlüpfte in die Speisekammer, zerrte den Hasen aus der Pfanne und tat sich daran gütlich.

Plötzlich ließ die Bäuerin ein schepperndes Geräusch aus dem Schlaf hochschrecken. Sie stieg aus ihrem Bett und ging geradewegs in die Speisekammer, wo das Gepolter herkam. Ein Fauchen unter dem Kuchenschragen *[Kuchenschragen = hölzernes Regal zum Abstellen der runden Kuchenbleche]* verriet gleich den Eindringling. Nachbars Kater hatte sich mit dem Hasen unter dem Gestell verkrochen und wollte die seltene Beute nicht freiwillig herausrücken. Ehe die Bäuerin aber in der Aufregung einen Besenstiel fand, sprang der Räuber zu seinem Glück ins Freie. Bauer Rudolf saß zu dieser Zeit immer noch beim Kartenspiel in der Schenke, das konnte Thekla nur Recht sein.

Der Hase war böse zugerichtet. Um zu retten, was zu retten ging, holte die Bäuerin ein Küchenmesser, portionierte den Braten in viele kleine Teile und ließ so ein wenig die zerschundenen Stellen verschwinden. Nun wurde der Hase in die Pfanne zurückgelegt. Was hätte Thekla auch anderes tun sollen, wo sich doch Albert seit Tagen wie ein Kind auf seinen Hasenbraten freute!

Am Esstisch wunderte sich der Bauer über den ganz und gar zerteilten Hasen, aber seine Frau erklärte ihm schließlich, daß der alte Bursche im ganzen nicht gar geworden wäre. Den etwas rupfigen Zustand der Bratenstücke entschuldigte Thekla mit ihren stumpfen Messern, die ihr niemand schärfen würde. Thekla selbst verspürte beim Anblick des Wildbratens keinen besonderen Appetit, irgend etwas musste ihr auf den Magen geschlagen sein...

Wild war nach dem Krieg eigentlich ein Fremdwort für Otto-Normalverbraucher. Rezepte zur Wildbereitung konnte ich von meiner Mutter nicht lernen, weil solche Spezialitäten einfach nicht auf der Speisekarte unserer Familie standen.

Man mußte schon zu den Privilegierten zählen, oder außergewöhnliche Beziehungen haben, ansonsten war nichts mit einem Wildgericht.
Außer, man hatte vielleicht einen großen Bruder, und der wiederum einen Freund mit einem Schäferhund. Da gab es eventuell eine Möglichkeit, zu einem Hasenbraten zu kommen.

Die jungen Burschen wußten, wann die Hasen fest in ihre Sasse gedrückt lagen. Dann schlichen sie abends hinaus auf's Feld, staksten durch den Schnee, und mit etwas Glück erwischten sie vielleicht einen Hasen. Dann hing so ein Langohr erst einmal auf dem obersten Boden und war stocksteif gefroren. Nach einigen Tagen wurde ihm schließlich das Fell über die Ohren gezogen und der ausgenommene Hase in eine Beize gelegt.
Das konnte entweder Buttermilch sein oder ein leichtes Essigwasser, in dem man zuvor Wurzelgemüse und Bratengewürze aufgekocht hatte.
Ein Hase besaß im wahrsten Sinne des Wortes ein dickes Fell, denn sieben Häute hatte die Köchin mit einem scharfen Messer von seinem Leib zu trennen, bevor er zusammen mit Möhren, Sellerie, Zwiebeln und Knoblauch in die Pfanne wanderte. Keulen und Läufchen wurden mit etwas Senf eingerieben; Wildgewürz gab es zu jener Zeit nicht, aber man wusste sich eben anders zu helfen.
Wenn noch etwas Sahne, ein paar rote Johannisbeeren und ein Schluck Rotwein an die Soße gegeben wurden, konnte man den außergewöhnlichen Braten so richtig genießen und sich fühlen wie Gott in Frankreich.
Auch am Stammtisch durfte nach Hase kräftig gerülpst und mit dem vollen Bauch geprahlt werden. Man war unter sich, und ein jeder hoffte, daß ihm demnächst wieder einmal so ein fetter Hase über den Weg laufen würde. Das ausgelassene Hasenfett kam in ein Blechtöpfchen und wurde für die zerschundenen Arbeitshände als Einreibung gebraucht.

Der Obstwein

Obwohl ich mich eher zu den Antialkoholikern zähle, behielt ich doch den süßen Wein aus roten Stachelbeeren, wie ihn unsere Mutter machte, in angenehmer Erinnerung. Er war so richtig süffig, lief runter wie Öl, ohne dass man den Alkohol auf der Zunge spürte. Aber schnell und ehe man sich versah, tat er seine Wirkung.

In den Nachkriegsjahren wurde in fast allen Familien der Wein selbst gekeltert. Zumeist aus Beeren, aber auch aus Äpfeln, Trauben, Sauerkirschen oder Wildfrüchten, wie Schlehen, Hagebutten und Holunder.

Reif mussten die Früchte schon sein, damit sich auch genügend Fruchtzucker in ihnen gebildet hatte. Als erstes wurden die Beeren zermahlen, zerknitscht oder zerstampft, um eine reiche Ausbeute an Saft zu bekommen. Bei der Weinbereitung sollten möglichst nur hölzerne oder emaillierte Gefäße und Arbeitshilfsmittel verwendet werden.

In einer großen Aufwaschschüssel stand nun die Beerenmaische, mit so viel Wasser verdünnt, dass der Saft die Beerenmasse überdeckte. Es war Sommer und somit die zur alkoholischen Gärung nötige Wärme vorhanden. Es dauerte nicht lange, und schon ließ sich am Geruch feststellen, dass der Zeitpunkt gekommen war, die Beerenmaische weiterzubearbeiten. Fliegen versammelten sich zuhauf, da half auch kein von der Decke hängender, klebriger Fliegenfänger.

Mutter füllte die gärende Masse in ein Leinensäckchen und presste sie aus. Auf 10 Liter Saft nahm sie etwa 4 Liter Wasser und kochte dieses mit ungefähr 5 Kilo Zucker auf, ließ es erkalten und schüttete danach alles zusammen in einen Ballon. Dieser stand bereits in einer großen Schüssel, weil nun viel Schaum und Gischt aufzufangen waren. Um den Hals des Ballons legte Mutter einen Lappen, der alle nasenlang ausgewaschen werden musste. Der stürmische Balloninhalt quoll unermüdlich, als wollte es nie ein Ende nehmen. Dabei wurde der Dreck, wie ihn Mutter bezeichnete, nach draußen befördert.

Beim Weinkeltern ging es zwar nicht genau nach einem Rezeptbuch, aber gewisse Regeln waren schon einzuhalten, obwohl das Endprodukt doch individuell verschieden war. Schon als Kinder wussten wir, dass erst aller Schaum ausgetreten sein musste, bevor ein Gärröhrchen den nächsten Prozess einleitete.

Ein zugezogener Berliner hatte im Thüringer Wald soviel Heidelbeeren gesammelt, dass er sich entschloss, Wein daraus zu keltern. Er presste

Weinprobe des selbstgemachten Weines anläßlich einer „Spinnstube" in Kleinfahner. Foto: Hannalore Gewalt, Kleinfahner

die Beeren aus, vermischte den blauen Saft mit Zucker, füllte das Gebräu in einen großen Ballon und steckte einen Stöpsel mit Gärröhrchen in den Hals. Der Berliner hatte Gäste eingeladen, die gerade am Kaffeetisch saßen, als es einen mordsmäßigen Schlag gab, und die Küche im Handumdrehen in eine überschäumende, blaugetünchte Hexenküche verwandelt wurde. In so einem frühen Stadium ließen sich die Weingeister nicht im Zaum halten. Der blaue Heidelbeersaft, der literweise über den weißen Küchenschrank floss, hinterließ sein bleibendes Andenken.

So etwa 5–6 Wochen musste man dem Schaum schon Zeit lassen, ehe sich dann allmählich alles beruhigte. Unten im Ballon hatte sich die Hefe abgesetzt, und wenn keine Gischt mehr austrat, war der Zeitpunkt gekommen, einen Stöpsel mit Gärröhrchen in den Schlund des Ballons zu stecken. Ringsherum tröpfelten wir dann mit flüssigem Stearin, etwas anderes besaßen wir nicht, alle Ritzen dicht. Und es dauerte auch gar nicht lange, bis der erste Gluckser aus dem Röhrchen zu hören war. Das musste wohl Musik für den Weinbereiter sein, denn auch unsere Mutter schmunzelte zufrieden.

Standen mehrere Ballons nebeneinander, glucksten dieselben nun einige Wochen um die Wette, bis ihnen doch schließlich die Puste ausging.

Nun konnten auch der Ballon und alles, was in seiner Nähe stand und vollgespritzt war, abgewaschen werden. Die Fliegen fanden keinen süßen Beerensaft mehr unter ihren Rüsseln, alles lief nun in geordneteren Bahnen. Hörten die Gluckser auf, kam der rote Weinschlauch zum Einsatz. Mutter band ihn an ein Holzstäbchen an, so dass die am Boden sitzende Weinhefe nicht mit angesogen wurde. Meist fanden sich Freunde oder Nachbarn ein, wenn sie etwas vom Weinabziehen gehört hatten. Alle hielten ihre Gläser unter und kosteten kritisch den ersten Schluck. Eigentlich war er immer gut gelungen, Mutters roter Stachelbeerwein, an den ich noch heute sehnsüchtig zurückdenke.

Nachdem der Wein gekostet, für gut befunden und wieder in einen neuen Ballon gezapft worden war, gab Mutter noch etwas Zucker dazu und setzte das Gärröhrchen wieder ein. Es kam dann noch einmal zu einer leichten Nachgärung, die den Wein schwer und gehaltvoll werden ließ.

Das war die letzte Prozedur, die unser Selbstgekelterter zu überstehen hatte, danach gab es wieder ein Abziehen, aber diesmal in die Flaschen. Man konnte den fertigen Wein auch in einem gut verschlossenen Ballon aufbewahren und ihn bei Bedarf auf Flaschen ziehen. Aber diese Art des Aufbewahrens war nicht so gut, weil der Wein immer mit viel Sauerstoff in Berührung kam. Ewig hielt der Vorrat sowieso nicht, denn in den langen Wintermonaten gab es genügend Anlässe, den Selbstgekelterten zu kredenzen.

Auch den Glühwein bereitete unsere Mutter aus Stachelbeerwein, und weil er so süß war, trank ich auch als Kind ein Schlückchen mit, danach konnte man herrlich einschlafen.

Die Erntekorne um 1965 (links Wiegleben) und (rechts in Tüngeda), damals im Kreis Langensalza. Aus der Chronik von Wiegleben und Tüngeda.

Erntedank

Eingefahren ist die Ernte,
gebunden ist der Ährenkranz,
Schweiß und Mühsal sind vergessen
beim Erntefest mit Wein und Tanz.

Prall gefüllt sind uns're Scheunen,
Dank dem, der so viel wachsen ließ!
Ausgeschmückt sind die Altäre
mit Gaben wie vom Paradies.

Busch und Bäume trugen Früchte,
es wuchs das Korn für unser Brot.
Wir hatten eine reiche Ernte,
die uns bewahrt vor Leid und Not.

Verbunden mit dem Erntedank
ist uns're Hilfe für die Welt.
Für die Ärmsten dieser Erde
Wächst auch Korn auf uns'rem Feld.

Das Erntedankfest

Bis zum Erntedankfest, das immer am ersten Sonntag im Oktober gefeiert wurde, waren die Haupterntearbeiten geschafft und auch die Winterfrucht für das kommende Jahr in die Erde gebracht. Das Erntedankfest war ein Höhepunkt im bäuerlichen Arbeitsjahr.

Die Landarbeiter stellten in früheren Zeiten die Brauchträger. Sie hatten während der Ernte ein gutes und sicheres Einkommen zu erwarten. Schmackhafte, kräftige Kost war der schweren Arbeit angemessen. Die Erntebräuche, wie z.B. das Binden und Lösen, wurden in vielen Teilen Thüringens gepflegt. Der Schnitter oder eine hübsche Magd band mit einem Strohseil, in das bunte Feldblumen gewunden waren, den Bauern symbolisch fest. Durch ein Lösegeld, oder einen erfrischenden Trunk, konnte sich derselbe wieder lösen oder freikaufen.

Auch das Binden eines Erntekranzes oder einer Erntekrone aus den letzten Halmen der einzelnen Fruchtarten war seit jeher Sache der Erntehelfer. Der Erntekranz oder die Erntekrone wurde mit vielen guten Wünschen dem Bauer übergeben und an die Flurdecke gehängt. Als Dankeschön übergaben die

Bäuerinnen Kopftücher, Schürzen und andere kleine Geschenke. Aus den Bauernküchen drang der Duft von Gänsebraten und Thüringer Klößen.

In der guten Stube wurde die Festtafel hergerichtet, an der alle Platz nehmen durften, die mitgeholfen hatten, das Erntegut unter Dach und Fach zu bringen.

Natürlich fand das Festessen erst nach dem morgendlichen Besuch des Dankgottesdienstes statt. Den Konfirmanden des Dorfes oblag in jedem Jahr die Aufgabe, die Kirche angemessen festlich auszuschmücken. Die größten und prächtigsten Exemplare aus Feld und Garten wurden vor dem Altar aufgebaut.

Erntekrone zum Erntefest 1944. Foto: B. Keil, Kölleda

Neben massigen Kürbissen präsentierten sich übergroße Futter- und Zuckerrüben ebenso wie Gartengemüse und gut geratene Kartoffeln. Garben aller Fruchtarten kündeten von einer guten Ernte. Auch Schalen voller Hülsenfrüchte und die verschiedensten Obstarten gehörten dazu. In der Mitte des Altares lag ein frisches, selbst gebackenes Brot als wichtigstes Symbol unserer menschlichen Ernährung.

Die mit duftenden Herbstblumen und den dekorativ gestalteten Gaben unserer Natur ausgeschmückte Kirche war am Sonntag des Erntedankfestes immer bis auf den letzten Platz gefüllt. In der Zeit nach dem Krieg, die hauptsächlich meine Erinnerung prägt, hatten die meisten Menschen noch eine tiefe Dankbarkeit für die einfachen Dinge des täglichen Lebens in sich.

Diese Dankbarkeit für Gottes Segen kam auch im Spendenaufkommen der schon damals durchgeführten Spendenaktionen zum Ausdruck. Das Sammelgut wurde durch die Gemeindepfarrer an Hilfsbedürftige weitergeleitet. Das Erntedankfest hatten sich die Mitglieder der Bauernfamilien, sowie alle Erntehelfer redlich verdient, und entsprechend fröhlich wurde dieser Tag gefeiert.

Zur Tradition gehörte, dass in jedem Jahr die Konfirmationsschüler vor dem Erntefest an allen Türen klopften, um eine Spende für das Arnstädter Marienstift zu erbitten.

Erntekrone der LPG „Gerhart Eisler" Tüngeda um 1964.
Foto: Werner Rockstuhl

Ich erinnere mich noch gut an das Jahr, in welchem ich mit zu den Samm-
lern gehörte. Wir angehenden Konfirmanden ließen beim Nachfragen
keine Familie aus, und am Abend fuhren wir stolz einen vollbeladenen
Handwagen mit Kartoffeln, Kürbissen, Möhren, Sellerie, Zwiebeln, Kraut-
köpfen, Hülsenfrüchten, Äpfeln und Birnen ins Pfarrhaus.
Natürlich nahmen wir Kinder unsere Aufgabe nicht so ernst, wir hatten
auch viel Spaß dabei. Weil es unter den älteren Bäuerinnen auch wunderli-
che Leute gab, kam es in manchen Höfen zu willkommenen Belustigun-
gen. So z. B., wenn uns Eier angeboten wurden, wir aber nicht wussten,
wo wir sie hinstecken sollten. Zum Glück hatten wir auch ruhige, besonne-
ne Mitschülerinnen dabei, die eine Garantie boten, dass alle Spenden heil
ins Pfarrhaus gelangten. Sogar eine Flasche Ziegenmilch gehörte zu unseren Sammelwerken. Die Bäuerin hatte deren Heilkraft über alle Maßen
gepriesen, dabei nicht bedacht, dass die Milch längst säuerte, ehe alle

Erntedankfest in Kammerforst.
Sammlung: Walter Kley

Spenden am Bestimmungsort Arnstadt waren. Der Herr Pfarrer wunderte sich nicht über außergewöhnliche Gaben, er stellte die Milchflasche wie selbstverständlich zu den vielen gesammelten Nahrungsmitteln in die große Speisekammer der Pfarrei. Auch der Altar wurde von uns Konfirmandenschülern geschmückt, natürlich mit den größten und schönsten Früchten.

Der Bauer holte einen Krug Wein aus dem Keller, und unter dem Erntekranz oder der Erntekrone stieß man auf die geleistete Arbeit an.
In jedem Hausflur eines Bauernhauses hing ein großes Erntesymbol, und es blieb hängen bis zur nächsten Ernte. Dann nahmen die Mädchen den völlig verstaubten Kranz herunter und ersetzten ihn durch einen neuen.
Wieder freuten sich alle nach getaner Arbeit auf einen deftigen Braten, auf die ersten Klöße aus neuen Kartoffeln und einen guten Schluck Wein. Und wieder würde zum Erntedankfest die erste flügge Gans geschlachtet werden.

Kalter Morgen

Kalt tut der Herbst sich jäh hervor,
im Tross den Reif mit Eiskristallen,
umgarnt den letzten Blütenflor,
bricht gold'nes Laub und lässt es fallen.

Die späte Rose am Spalier
nimmt er sich kess für eine Nacht.
Ein weißes Brautkleid schenkt' er ihr,
in welchem nimmer sie erwacht.

Bald ruhen Gräser, Baum und Strauch.
Sie bergen in sich neues Grün.
Gott schenk' uns Trost, die Hoffnung auch,
und lass es in uns weiter blüh'n!

Am Stausee Tüngeda um 1988
Foto: Harald Rockstuhl

Der Selbstgebrannte

Der Krieg war zu Ende, und zu einem Neuanfang gehörte neben harter Arbeit auch ab und an eine ausgelassene, fröhliche Feier, um für ein paar Stunden alle Sorgen und Nöte vergessen zu können. Anlässe, um mit Freunden, Nachbarn oder mit der Familie anzustoßen, auch mal einen über den Durst zu trinken, gab es genug. Bei Wiedersehensfeiern, Kindstaufen, Konfirmationen, Verlobungen, Hochzeiten, Entlobungen, zu den Kränzchen, zum Dreschen und Schlachten und schließlich zu mancher Beerdigungsfeier sorgte ein Gläschen Wein oder Schnaps für die nötige Atmosphäre und hob in jedem Fall die Stimmung.

Den Obstwein kelterten die Bauern selbst, und auch mit der Herstellung des harten, hochprozentigen Schnapses hatten sie keine Schwierigkeiten.
Zu kaufen gab es nach dem Krieg derlei berauschende Spezialitäten nicht, aber man wusste sich zu helfen.
In vielen Höfen wurde Schnaps gebrannt, obwohl es, genau wie das Schwarzschlachten, verboten war. Man besann sich auf den Ausspruch: Wer nischt waacht, kemmt nech nach Donn (Gefängnis in Gräfentonna) – und beruhigte damit sein Gewissen.
Zu den Utensilien eines Schnapsbrenners gehörten lediglich der Alkoholmesser, eine Kupferspirale, ein Waschkessel und einige Gefäße. Gebrannt wurde der Schnaps aus Zwetschen und Kartoffeln, auch aus Korn und Zuckerrüben.

Ein hölzerner Waschtrog stand im Kuhstall, gefüllt mit Zwetschen und mit einer Pferdedecke abgedeckt. Im warmen Stall, bei gleichbleibender Temperatur, erhitzten sich die reifen Zwetschen, und es kam durch den Fruchtzucker und die Wärme zur alkoholischen Gärung. Der von den Schnapsfrüchten ausgehende Geruch überlagerte sogar den penetranten Kuhstallduft und verriet jedem Eintretenden das verbotene Vorhaben.
War die Gärung in vollem Gange, und fielen die Fliegen tot von der Decke, wurde die Maische in den gemauerten Kessel gefüllt.
Der Kesseldeckel wurde ringsum dicht mit Lehm verschmiert, damit der sich durch Erhitzung entwickelte Dampf nur in die vorgesehene Bahn entweichen konnte. Es soll vorgekommen sein, dass ein Bauer nicht genug kriegen konnte und zuviel Maische in den Kessel füllte. Es entstand ein so gewaltiger Druck, dass sich der Deckel hob und alles in die Luft zu fliegen drohte. Geistesgegenwärtig sprang der Bauer auf den hölzernen Kessel-

deckel und hielt darauf aus bis zum bitteren Ende. Zu sehr freute man sich auf den Selbstgebrannten, als dass man sich alles hätte um die Ohren fliegen lassen wollen.

In der Mitte des Kesseldeckels war mit der Stichsäge ein rundes Loch ausgeschnitten, da hinein setzte der Schnapsbrenner einen dicken Korkstöpsel mit einem Glasröhrchen, wie beim Weinballon. An dem Glasröhrchen war ein Gummischlauch angeschlossen, der mit der Kupferspirale verbunden wurde. Diese lag in einem hölzernen Kasten und wurde ständig von kaltem Wasser umspült. Durch die Erhitzung bildete sich nun Dampf im oberen Teil des Kessels, der ins Glasröhrchen, weiter durch den Schlauch und schließlich in die Kupferspirale strömte. Das die Spirale umgebende Wasser kühlte den Dampf so weit ab, dass er sich verflüssigte und am Ende als Alkohol aus dem Gerät tropfte. Diesen Moment konnten die Brenner kaum abwarten, ein „Herbschleber" *[Herbsleber = Schnapsglas]* stand schon bereit, um mit der ersten Kostprobe die Zunge zu benetzen. Viel mehr war nicht ratsam, denn der Alkoholmesser zeigte einen 90%igen Alkoholgehalt an. Je länger der Schnaps abgezapft wurde, um so schwächer wurde er. War der Alkoholgehalt etwa auf 30% abgesunken, wurde das Schnapsbrennen beendet.

Einige Wassereimer voll Fuselschnaps war die Ausbeute. In Flaschen gefüllt, ließen sich mit dem begehrten Hochprozentigen diverse Tausch- oder Kuddelgeschäfte betreiben.
Ohne großen finanziellen Einsatz brachten es passionierte Schnapsbrenner auf eine stattliche Anzahl von Flaschen.
Vor allem an russische Offiziere verkaufte sich das Feuerwasser gut. Sie bezahlten für eine Flasche beachtliche 100,– Mark. Manch unbeherrschter Trinker riskierte damals eine Alkoholvergiftung, denn der Selbstgebrannte hatte es in sich. Es war ein mit Methylalkohol verunreinigter Schnaps, der zu schweren Schäden an Körper und Geist führen konnte. Aber alle Warnungen wurden in den Wind geschlagen, der Rachenputzer brannte höllisch und stellte Mut und Standhaftigkeit des Konsumenten auf die Probe.
Etwas lieblicher schmeckte dann schon ein mit Hilfe des Selbstgebrannten hergestellter Eierlikör. Aus gekochtem Vanillepudding, Eidottern und Schnaps mixten die Bäuerinnen einen dicken Likör, der im Winter gar nicht aus der Flasche wollte.
Diese Getränke waren nicht zum Durstlöschen gedacht, wohl aber dafür, die Zunge etwas zu lösen und unbeschwert ein paar schöne Stunden

genießen zu können. Vorausgesetzt, man dachte nicht an die Nachwehen des kommenden Tages.

Hatten die „Ordnungshüter" einen heimlichen Schnapsbrenner ausgemacht und wurde sein Betreiben ruchbar, erfolgten hin und wieder Razzien und Hausdurchsuchungen. Konfisziert wurden sofort Alkoholmesser und Kupferspirale. Ohne diese Utensilien war ein Schnapsbrenner aufgeschmissen, und leicht wiederzubeschaffen waren sie auch nicht.

Das eigentliche corpus delicti, nämlich der Selbstgebrannte wurde ebenfalls beschlagnahmt und anschließend unter den „Brüdern" aufgeteilt.

Ganz ähnlich wie beim Schwarzschlachten. Als ein Bauer neben seiner „schwarzen Wurst" auch um seine alten Fetttöpfe bangte, erbat er sie sich nach der Entleerung zurück, was auch prompt erledigt wurde.

So war auch zur damaligen Zeit nicht alles in Ordnung, was sich Ordnung nannte.

Die Zaungäste

Am Haus von Nachbar Adelheid,
dort bleiben alle steh'n.
Dort kann man alles ganz genau
aus nächster Nähe seh'n.

Mal ist 'ne große Hochzeit,
mal wird ein Kind getauft,
manchmal übt die Feuerwehr
und oft wird nur gerauft.

Man lehnt meist an der Hauswand,
macht sich's etwas bequem
und registriert wird alles,
so im Vorübergeh'n.

Da gibt es viel zu tuscheln
und auch zu räsonieren.
Da gibt es Lob und Tadel
und viel zu schwadronieren.

Ob Zuneigung, ob Neugier,
es trennt sich gar zu schlecht.
Doch gäb' es keinen Zaungast,
dann wär' es auch nicht recht.

Potenzgemüse

Der Sellerieknolle wird seit eh und je eine gewisse, ihr innewohnende Kraft zugeschrieben. Besonders bei den Männern ist der Glaube an diese Wunderkraft weit verbreitet.

Dabei fällt mir die Geschichte ein, wo eine Mutter mit ihrem kleinen Töchterchen beim Gemüsehändler in der Kundenschlange stand. Als sie endlich an der Reihe waren, verlangte die Hausfrau drei Sellerieknollen. Die kleine Tochter konnte zwar kaum auf den Ladentisch sehen, aber naseweis versuchte sie mit ihrem Zwischenruf die Mutter zu korrigieren. „Wieso heißt das Zeug jetzt auf einmal Sellerie? Papa sagt doch dazu etwas ganz anderes!"
Ohne das die Kleine verstand, was sie da sagte, und ohne das die Bezeichnung des Vaters erläuternd genannt worden wäre, schmunzelten alle anstehenden Kunden. Auch der Gemüsehändler konnte sich ein vielsagendes Lächeln nicht verkneifen. Er schenkte dem kleinen Naseweis einen Leckmadran *[Leckmadran = festes Fruchtbonbon am Holzstiel zum Lutschen]* und brachte damit die Mutter noch mehr in Verlegenheit.

Heimat

Heimat ist, wo ich geboren bin,
wo ich als Kind so froh und glücklich war.
Heimat ist, wo ich zur Schule ging,
wo schon die Mutter stand vor'm Traualtar.

Heimat – das sind dunkelgrüne Wälder,
der Fliederbusch am Gartenzaun.
Heimat – das sind gelbe Ährenfelder
und auch manch unvergess'ner Traum.

Erst in der Fremde wird das Heimweh groß,
auch wenn dort wieder ein Zuhause ist.
Die Sehnsucht wächst und lässt dich nicht mehr los,
nach deiner Heimat, die du nie vergisst!

Vor dem Elternhaus in Döllstädt.
Großer Bahnhof für ein sicherlich wichtiges Ereignis, dass keinen Aufschub duldete.
Die Schürze wurde nicht extra abgebunden, gleich ging die Arbeit weiter, welche nur
kurz aus Neugier oder Anteilnahme, oder beidem, unterbrochen wurde.
Sammlung: Erna Ritter, Dachwig

Das Eiskarussell

Einen etwas härteren Winter, als wir ihn in diesem Jahr 2005 erlebten, das kennen wir älteren Dorfbewohner noch von früher her. In meiner Kinder- und Jugendzeit dauerten die Winter zumeist von Ende November bis in den März hinein an. Damals war das Land nicht mit einer solch' spärlichen Schneedecke bedacht, wie es in der neuesten Zeit der Fall war. Nicht vergleichbar mit den diesjährigen Schneemassen, unter denen das Land Bayern zur Zeit zu stöhnen hat. Aber es war ausreichend, um das damalige Dorfleben etwas durcheinander zu bringen. Auch länger anhaltende Frostperioden sind noch in meiner Erinnerung. Diese strengen Fröste waren nötig, um das Wasser der Dorfteiche so fest gefrieren zu lassen, bis die Eisfläche das Gewicht der darauf tobenden Kindermassen tragen konnte.
In meinem Heimatort gab es keinen so großen Dorfteich, wie ihn die Gemeinde Kleinfahner vorweisen kann. Aber das Wasser musste gleichermaßen dick gefroren sein, bevor sich die Kinder darauf vergnügen konnten.

Zaungäste, auch schon die Kinder wurden daran gewöhnt.
Sammlung: Erna Ritter, Dachwig

Aus den Erzählungen meines Mannes wusste ich von einem Wintervergnügen der besonderen Art.

Ein Familienvater, der mit seiner Ehefrau und seinen fünf Kindern vor dem Krieg geflüchtet und in Kleinfahner angekommen war, tüftelte an einem Eiskarussell, an dem die Kinder Freude haben sollten.

In der Mitte des Teiches rammte er einen derben Pfahl tief in die Eisfläche. Am äußeren Ende des Pfahles war ein Metall eingeschlagen, und an diesem eine einige Meter lange, schwächere Derbstange, die waagerecht über die Eisfläche ragte, fest gemacht. Am Ende der Derbstange war ein größerer Schlitten mit derben Seilen festgezurrt. Um einen eventuellen Unfall von Vornherein auszuschließen, musste das Festbinden des Schlittens sehr gewissenhaft erfolgen.

Das Beste an dieser Erfindung war, dass sich alle Dorfkinder an diesem Eiskarussell erfreuen durften. Ein paar kräftige Jungen fassten die Schlittenstange am dickeren Ende und setzten sie langsam in Bewegung. Um so schneller die Jungens schoben, um so rasanter wirbelte der Schlitten über das Eis.

Durch die Rotation entstand am Schlitten eine Fliehkraft, die nicht zu unterschätzen war. Nicht auszudenken, wären die Kinder dadurch gegen die Umgrenzungsmauern des Teiches geschleudert worden. Aber bei diesem Heidenspaß dachte niemand an die Gefahr, und dass man sich gut am

Es gibt viel „Neues" zu sehen, ca. 1951. Foto: H. Kalensee, Tröchtelborn

Schlitten festhalten musste, das wussten die Kinder. Das Lachen und Kreischen der fröhlichen Gesellschaft zeigte, wieviel Freude dieses eigentümliche Gefährt machte.

Für den Abend fand der Tüftler noch eine primitive Beleuchtung über das Schlittenkarussell, so konnte sich auch die angehende Jugend noch austoben. Die Anschieber und auch die Schlittenbesatzung wechselte sich regelmäßig ab, so dass kein Streit entstand.

Dieses primitive Karussell kannte ich nur aus Erzählungen meines Mannes, bis ich in einer Dokumentation über den Baikalsee plötzlich ein ebensolches Eisgefährt sehen konnte. Ein russischer Vater oder Großvater hatte es gebaut, und die Freude des Kindes, oder Enkels, war ganz sicher ebenso groß, wie damals bei den Kindern und Jugendlichen in Kleinfahner, nach dem Kriege.

In vielen Dörfern wurden die Dorfteiche zugeschüttet, und sie verschwanden einfach so aus dem Ortsbild der Thüringer Dörfer.

Schade darum, weil es auch heute noch frostige Tage gibt, die ein besonderes Vergnügen auf einem solchen Teich ermöglichen. Der Dorfteich ist nicht nur ein Wasserreservoir für die Feuerwehr.

Das Eishockeyspiel auf dem Kleinfahnerschen Dorfteich freut nicht bloß die Spieler, sondern auch die älteren Zaungäste.

Hoffentlich bleiben die letzten Dorfteiche noch recht lange erhalten, der Dorfjugend zur Freude, und den älteren Dorfbewohnern zur Erinnerung an ihre „schöne Zeit".

Impressionen

Rauhreif ziert Geäst und Zweige,
Schnee verbirgt der Tannen Grün,
filigran bizarrer Zauber,
wo zerbrechlich' Blumen blüh'n.

Kalt und eisig ist die Schöne,
unschuldig weiß ihr Angesicht,
zart umhüllt von seid'nem Schleier,
hauchdünn durchwebt mit Glanz und Licht.

Blendend funkeln Schneekristalle,
zaubern eine Märchenwelt.
Weiße Perlen zieren Kronen,
Sternen gleich am Himmelszelt.

Kaltes Licht bricht seine Strahlen
an scharf geschliff'nen Eisfiguren.
Grell und silbern sprüh'n die Funken,
rasch bildend neue Eisamouren.

Hart knirscht der Schnee unter den Sohlen,
der Wind bläst eisig bis zum Schmerz.
Es fesselt mich des Winters Zauber,
erfreut mein Auge, wärmt mein Herz.

Die früheren Wintertage

Unendlich lange, schneereiche und bitterkalte Wintertage füllen mein Erinnerungsvermögen an meine Kinder- und Jugendzeit aus. Viele Gleichaltrige tragen ähnliche Erinnerungsbilder in sich. Aber auch weitaus ältere Menschen denken oft und gern an „früher" zurück.

So z. B. an die Schule.
Endlich war die letzte Stunde gekommen. Wir Kinder konnten kaum erwarten, die schwere Schultüre hinter uns zu schließen. Zum Ende des Schultages

fiel es sowieso immer schwerer, dem Unterrichtsablauf zu folgen. Weil der ohnehin nur lauwarm gewordene Ofen nun völlig seinen Geist aufgab. Holz und Kohlen waren zugeteilt und reichten niemals aus, die geräumigen Klassenzimmer mit ihren riesigen, schon etwas undicht gewordenen Fenstern, auch nur mäßig zu wärmen.

Die allerwenigsten Schüler waren mit ausreichend warmer Wollkleidung und ausgefüttertem Schuhwerk ausstaffiert. Ein warmes Mittagessen konnte uns Kinder etwas aufwärmen. Aber vielmehr heizte uns die Vorfreude auf einen Winterspaß ein, wie wir ihn noch so oft erleben durften und voller Freude genossen haben.

Wir konnten wählen zwischen einigen Schlittenbahnen, glatten Schufflieren (Glennerbahnen) auf dem Dorfteich oder auf der Nesse. Und auch Schneehütten bauen, konnte uns hinter dem Ofen hervorlocken.

Auf der dorfnahen Nesse und seinem Nebenarm hatten die Jungen schon eisglatte Schufflieren eingeschliffen. Die wenigsten Kinder besaßen Schlittschuhe und das dazu gehörige Geschick. Mancher Mädchenhintern hatte in dieser Zeit als einzige Körperstelle allerhand auszuhalten.

Manchmal waren bei den größeren Jungen auch einige Mädchen beim Schneehüttenbau zugelassen. Das wir als Mädchen nur einen Hilfsposten erhielten, waren wir so zufrieden. Solche „Großprojekte" konnten natürlich bloß von erfahrenen Baumeistern ausgeführt werden. Es ist gottlob nie etwas Gefährliches passiert. Die Vorfreude auf eine große, warme Schneehütte war bei jedem Kind gleichermaßen groß. Auf der Baustelle gab es stets viele Zuschauer, zumeist Klugscheißer mit überschlauen Ratschlägen.

Die Handschuhe und die Hose litten unter der Buddelarbeit enorm. Da war der Ärger am Abend zu Hause vorprogrammiert.

Aber bis dahin war noch lange Zeit. Auch die Frostbeulen an den Füßen waren vorerst vergessen. Sie begannen erst wieder im Bett zu toben und ließen keinen Schlaf zu.

Auf den Dorfstraßen herrschte indes keine solche Totenstille, wie heutzutage vielerorts.

Da kamen Frauen vom Backhaus, machten unter manchem Fenster Halt und luden ihre neuesten Erfahrungen ab.

Kamen Nachbarinnen mit einem Strickbeutel am Arm, wussten wir Kinder, dass sie unterwegs in eine warme Stube waren. Dort saßen sie strickend zusammen und erzählten sich nebenbei die neuesten Nachrichten. Aber auch alte Kamellen wurden wieder aufgewärmt, damit sie nicht etwa in Vergessenheit gerieten.

Die älteren Männer besuchten bei nicht zu glatten Wegen den Herrenfriseur zwecks einer Rasur auf, oder ließen ihre letzten Haare wieder in Fasson bringen.

164

Auch am Dorfbrunnen gab es an den ungemütlichen, kalten Wintertagen ein kurzes Schwätzchen. Die Wasserträger waren wie der Born dick eingemummelt. Der Brunnen war mit Stroh, Decken und dicken Säcken umwickelt, so dass er einem schon fast leid tat. Um den Born herum glänzten dicke Eisklumpen, die zu gefährlich glatten Erhebungen angewachsen waren. Kreuzgefährlich für Schuhe mit Holzsohlen oder sogenannten Holzschlumpen (Holzpantoffeln).

Die Männer gingen zum Büttner, sahen ihm bei der Arbeit zu und wärmten sich in der Werkstatt bei einem kleinen Schwatz. Sie bestellten vielleicht einen neuen Holzeimer zum Viehtränken, oder sie ließen am Schlachttrog ein paar morsche Fasstauben auswechseln. So ein kleiner Auftrag genügte, den Büttner noch öfter auf ein Stündchen aufzusuchen, und gesprächig war er sowieso.

Genauso ging es beim Sattler oder Schmiedemeister zu. In der Schmiedewerkstatt trat man sich manchmal fast auf die Füße. Ein Zeichen für die Beliebtheit des Meisters und seiner Gesellen. Sie ließen sich darum nicht von der Arbeit abhalten. Auch das wärmende Schmiedefeuer war entsprechend anziehend.

Auch beim Stellmacher, Müller und Schreiner war gut Schwatzen. Die Männer standen ihren Frauen diesbezüglich um nichts nach.

Seltener saßen die Herren der Schöpfung in den Gaststuben, das muss ich zu ihrer Ehrenrettung sagen. Erstens hatten sie nicht das nötige Geld, und zweitens war es in der Fütterzeit zum Dämmerschoppen viel gemütlicher bei einem kleinen Gläschen Bier.

Dann aber war ein kleines Ärgernis mit den Frauen im Anzug. Mit dem Essen auf den Vater warten, das war nicht jeder Frau Sache. Das eine oder andere harte Wort ließ den kurzen Abend bis zum Schlafengehen ungemütlich werden.

Tagsüber kreuzten viele Dorfbewohner die Straßen und Gassen.

Durch diverse Verkaufsstellen, die sich im Dorf angesiedelt hatten, und auch durch die vielen Handwerksbetriebe, gab es ein ständiges Kommen und Gehen.

Vom Schneehüttenplatz, von den Rodelbahnen, die zumeist auf den verkehrsarmen Straßen eingefahren waren, und vom Dorfteich drang ein lautes Kinderlachen und oft ein „Bahnfrei!"

Die Freude, die uns der Winter machte, war weithin hörbar, aber keinen störte es.

In manchen größeren Bauernhöfen wurde auch an Wintertagen Mist gefahren, oder die Bauern räumten ihre Höfe von den hinderlichen Schneemassen frei. Da gab es auf den Dorfplätzen neue Schneeberge für Schneehütten, falls das kalte Winterwetter anhielt.

Es war in jeder Ecke etwas anderes los, aber Langeweile, die hab' ich nie gesehen.

Heute machen mir die fast menschenleeren, ruhigen Dorfstraßen, vor allem in den kleineren Dörfern, ein wenig Angst.

Für die männlichen Dorfbewohner kann ein langer und harter Winter zum Problem werden. Ihr Hobby ist meistens der verbliebene Hausgarten, der jedoch im Winter ruht.

Es gibt selten noch einen Handwerksbetrieb, in welchem es etwas Ablenkung geben könnte. Die Frauen müssen aufpassen, denn der Teufel Alkohol schleicht sich schnell als Ausweichmöglichkeit ein.

Früher sah man die Bäuerinnen und Hausfrauen selten beim Spaziergang. Sie waren mit Haus-, Hof- und Handarbeiten genügend ausgelastet. Sie waren nur geschäftig im Dorf unterwegs. Aber das hat sich mit dem Wegfall des Backhauses, des Einkaufladens, der Poststelle, des Gemeindebüros, der Friseurstelle und der Arzt- und Schwesternsprechstunde leider alles erübrigt.

Warum hängen wir Älteren so an vergangener Zeit?

Vor allem, weil unsere Kinder- und Jugendzeit in dieses „früher" fiel. Das unbekümmerte Kinderspiel und die Jugend mit ihren Liebeleien und der ersten großen Liebe, das ist die allerschönste Zeit im Leben eines Menschen.

Wir fanden in jener Zeit unseren Ehepartner, gründeten einen bescheidenen Hausstand und waren überglücklich vor Freude. Wir waren allesamt zufriedener und bescheidener in unseren Wünschen. Das macht dieses „früher" aus.

Wir hielten damals mehr zusammen, einer kannte das Leid des anderen, und ein jeder half, wenn er konnte.

Auch viel weniger Geld stand uns früher zur Verfügung. Es ist der Beweis dafür, dass es nicht vom Geld abhängig ist, glücklich zu sein. Nicht bloß die Zeit, auch wir alle haben uns verändert, ob wir es nun wahrhaben wollen, oder nicht.

Die harten Wintertage von „früher" werden wir auch schon wegen seiner Entbehrungen nie vergessen. Aber es waren trotz allem unsere allerschönsten Jahre.

Die kleinen Freuden zählten für uns doppelt und dreifach, weil es eben unsere unwiederbringliche Zeit war.

Es stimmt also absolut nicht, dass „früher" alles schöner und viel besser war. Im Gegenteil, unser Leben war um ein Vielfaches härter, als es heute ist. Die Uhren gingen einfach anders.

Hoffentlich bleibt unser aller Verstand noch recht lange wach, damit wir uns oft an „früher" erinnern können, denn das Alter zehrt von den Erinnerungsbildern, die wir in uns tragen.

*Gisela und Helga Rockstuhl 1962 beim Winterspaziergang
zwischen Tüngeda und Reichenbach.
Foto: Werner Rockstuhl*

Weißt du noch?

Kennst du noch Mutters Wiegenlied,
das sie uns früher so gern sang?
Denkst du noch an den kleinen Hund,
der mit uns tollte, mit uns sprang?
Kennst du den Bleyleanzug noch,
den mit der großen, blauen Schleife?
Und weißt du noch, damals im Bad,
die Augen brennend voller Seife?

Kennst du noch Nachbars Apfelbaum?
Die Äpfel, die so süß geschmeckt?
Noch, als du kurz vor Weihnachten
den Pferdestall im Schrank entdeckt?
Der erste Schultag, weißt du noch,
die prall gefüllte Zuckertüte?
Augen voller Freudentränen!
Herrjemine, du große Güte!

Hanna Burgdorf mit ihrer Schwester Rosa im Puppenwagen – Molschleben um 1936.
Sammlung: Rosa Stecher

Erinnerst du dich noch daran,
wie schön war'n die Geburtstagsfeste?
Geschenke gab es damals kaum,
der tolle Kuchen war das Beste!
Die Kindheit war so schnell vorbei,
dann kam die Lehre, streng und hart.
Sie war bei weitem nicht so schön,
es war der erste, ernste Start!

Du weißt es noch, vergisst es nie,
war dein Gedächtnis noch so klein.
Seit alten Zeiten ist es so,
es wird wohl niemals anders sein.
Mir ist's, als wär's nicht lange her,
und doch liegt es so weit.
Das Alter sehnt sich mehr und mehr
nach Bildern aus der Kinderzeit.

1938 – Rosa Stecher mit Bär im Garten in Molschleben
Sammlung: Rosa Stecher

Großmutter Olga Degenhardt
aus Kleinfahner mit Enkelkindern
Regina und Roland Gewalt.
Sammlung: Hannalore Gewalt

In Würde altern?

Festhalten möchte ich die Zeit,
eine Blume lieb umkosen.
Ich weiß um Abschied, Ewigkeit,
letztes Blühen, letzte Rosen.

Alles geht einmal vorüber,
und einmal ist's das letzte Mal.
Wär' mir auch die Jugend lieber,
bohrt das Alter mit Schmerz und Qual.

Zu oft verdräng' ich Abschiedsgesten,
tu' gerade so, als gäb's sie nicht.
Mit Hoffnung steht es nicht zum Besten,
eher mit viel Abschied und Verzicht.

Das Alter hat auch seine Würde,
es zu besteh'n, das ehrt schon sehr.
So trage ich denn meine Bürde,
fällt es mir oftmals auch sehr schwer.

Feierabendtreff bei Patentante Ida Stecher in Molschleben. Pate Ida mit Nachbarsfrauen um 1953. Sammlung: Rosa Stecher

171

Fastnacht um 1939. Mein Bruder Hans tauschte die Kleider mit Nachbarin Inge Heinz aus Molschleben.
Sammlung: Hannalore Gewalt

Klassenkameradinnen von Rosa Stecher in Molschleben – Fastnach um 1951/1952.
Sammlung: Rosa Stecher

Tochter Carolin Gewalt als Sterntaler um 1969 in Kleinfahner.
Sammlung: Hannalore Gewalt

Tochter Ines Gewalt als Schornsteinfeger um 1969 in Kleinfahner.
Sammlung: Hannalore Gewalt

Das „Selbstgemachte"

Wer auf dem Lande aufgewachsen ist, weiß aus vergangener Zeit, dass zu fast einem jeden dörflichen Haushalt ein kleiner Garten gehörte.

Neben einem Blumenbeet wurden in ihm Radieschen, Spinat, Möhren, Kohlrabi, Sellerie, Zwiebeln, Bohnen, Schwarzwurzeln, Porree, Schnitt- und Kopfsalat, rote Bete, Blumenkohl und Kraut angebaut.

Über einige Büsche, an denen Stachelbeeren und Johannisbeeren wuchsen, freuten sich besonders die Kinder. Gartenerdbeeren waren zur damaligen Zeit noch nicht so verbreitet, ebenso befanden sich Himbeerruten mit ihren verführerischen Früchten nur in wenigen Gärten.

Ich erinnere mich, dass sich die Dorfbewohner fast ausnahmslos mit Obst und Gemüse selbst versorgten. Auch die dazugekommenen Umsiedler pachteten sich zumeist ein kleines Stück Gartenland, denn Obst- und Gemüsegeschäfte gab es nach dem Krieg auf dem Dorfe nicht.

So freuten sich die Hausfrauen über die ersten Radieschen und die grünen Spitzen der Schnittlauchstaude. Wintersalat war als nächstes zu ernten und so versorgte uns der Garten bis zum Herbst mit frischem Obst und Gemüse. Ohne diese Gärten wäre die Vitaminversorgung während des Winterhalbjahres noch schlechter gewesen.

Was eingelagert werden konnte, wurde in den Keller gebracht. Kraut und Rosenkohl wurde mit Erde bedeckt und eingeschlagen. Kleine Erdgruben, die mäusesicher sein mussten, ersetzten einen fehlenden kalten Keller.

Heute gehört zu den meisten Haushalten ein Tiefkühlschrank, der während der Saison aufgefüllt werden kann. Die Zeit der Entbehrung ist gottlob vorbei, dennoch sollten wir unsere heimischen Früchte achten und ehren, das, was Gott wachsen ließ, auch verwerten. Ich empfinde es als Sünde, wenn unter Büschen und Bäumen überreifes Obst verdirbt. Dafür haben wir Kriegskinder zu schlechte Zeiten erlebt, als das uns nicht in Fleisch und Blut übergegangen wäre, einmal Gewachsenes zu achten.

Kürzlich las ich in einer Tageszeitung, dass sich, lt. Umfragen, wieder 44 % der deutschen Hausfrauen auf das „Selbstgemachte" besinnen. Im Gegensatz dazu ist aber zu beobachten, dass immer mehr Gemüsebeete dem gepflegten Rasen weichen müssen. Es wäre bedauernswert, wenn die alten Traditionen unserer Großmütter in punkto selbst anbauen und verarbeiten, verloren gingen.

„Ich bin noch eine vom alten Schlag", so sagte die Autorin Anna Wimmschneider von sich. Auch ich zähle mich noch zu den Unentwegten, die Vorratswirtschaft als sinnvolle Altersbeschäftigung und eine Art Lebenselixier betreiben. Heute können wir das „Selbstgemachte" zusätzlich zu allen

Obst- und Gemüsearten aus dem In- und Ausland genießen. Das ganze Jahr über steht uns eine reiche Auswahl an Sorten zur Verfügung.

Aber dennoch wage ich zu behaupten, das Obst und Gemüse, aus dem eigenen Garten geerntet, am besten schmeckt. Selbstgekochter Fruchtsaft aus Himbeeren, oder auch aus Holunderbeeren ist ganz besonders köstlich. Ebenso die kücheneigene Marmelade aus Erdbeeren, Himbeeren, Sauerkirschen, Aprikosen oder Gelee von schwarzen Johannisbeeren sind des Probierens wert. Zarte, junge Erbsen, im Tiefkühlfach eingefroren, bestehen einen Vergleich mit den teuersten Konserven eines Supermarktes vortrefflich.

In unserem Bekanntenkreis ist unser „Selbstgemachtes" bestens bekannt und wird geschätzt.

Mit zunehmendem Alter fällt die Gartenarbeit zwar immer schwerer, aber es gibt ja die Arbeitsteilung, so verrichtet ein jeder die Arbeiten, die er noch am besten bewältigen kann.

Es gibt nichts Schöneres, als einen Korb voll Gemüse aus dem Garten zu holen, das meistens verfügbar ist und frischer nicht sein kann. Für eine deftige Gemüsesuppe hole ich mir ein Bund Möhren, einige Kohlrabi, ein paar Sellerieblätter, eine Hand voll Zuckerschoten, einige Kartoffeln und ein Sträußchen Petersilie in die Küche. Ein paar Fleischknochen und Gerstengraupen dazu, und schon kocht eine appetitlich riechende Suppe, die noch dazu fast nichts kostet. Von der Arbeit einmal abgesehen. Alles „Selbstgemachte" ist mit viel Arbeit verbunden, aber eine Aufgabe zu haben, Ablenkung und Anerkennung zu finden, ist im Alter sehr wichtig.

Es wäre wünschenswert, wenn sich auch die jüngeren Frauen wieder auf die Gartenarbeit besinnen würden, wenn sie nicht übertrieben wird, baut sie eine Menge Alltagsstress ab und „Selbstgemachtes" schmeckt allemal besser!

Aus Mutters Einkochküche

Wir älteren Bürger kommen aus einer Zeit, in der die Selbstversorgung mit Fleisch, Obst und Gemüse sowie deren Konservierung noch eine wirtschaftliche Notwendigkeit war und einen hohen Stellenwert besaß. Wir sahen beispielsweise schon als kleine Kinder zu, wenn ein Huhn, eine Ente oder eine Gans gerupft, gezupft und ausgenommen wurde.

Auch wurden wir schon als Kinder eingespannt, wenn Beeren entstielt, Bohnen geschnippelt oder Erbsen auszukneifeln waren. Als wir später heirateten, kannten wir die einzelnen Arbeiten und Handgriffe genau. In den dürftigen Jahren nach dem Kriege, in denen es wenig zu kaufen gab,

Rosa Stecher in Molschleben um 1970, „Lammfromm". Sammlung: Rosa Stecher

Der große Misthaufen vom Bauernhof um 1940. Foto: Albin Burgdorf aus Molschleben

175

kamen uns die umfangreichen Erfahrungen aus Großmutters und Mutters Haushaltsführung sehr zupass.

Wer in jenen Jahren keinen eigenen Garten besaß, oder nicht wenigstens ein Krautfleckchen gepachtet hatte, bei dem sah es in punkto Obst- und Gemüseversorgung während der kalten Jahreszeit düster aus. Die Hausfrauen, welche sich keinen ausreichenden Wintervorrat anlegten, konnten in einem Dorf an den Fingern einer Hand abgezählt werden.

Im Keller oder in der kühlen Speisekammer standen massive Regale, deren Bretter die unzähligen Einweckgläser kaum zu tragen vermochten. Ja, das war gerade nötig, denn in ein Geschäft gehen und eine Büchse Bohnen oder ein Glas Birnen kaufen, das war ausgeschlossen.

Die Devise hieß: „Selbst ist der Mann!" Bei den älteren Menschen hat sich das alte Brauchtum der Bevorratung bis in die heutige Zeit erhalten. Allerdings kann man beobachten, dass immer öfter auf den ehemaligen Gemüsebeeten Rasen angesät wird. Ein Grund dafür, daß die jungen Frauen nur noch selten mit dem Einkochapparat hantieren, ist der niedrige Preis für Obst- und Gemüsekonserven, ein geändertes Ernährungsverhalten und letztlich auch eine vollere Brieftasche. Der Preis für gefrostetes Gemüse steht in keinem Verhältnis zu dem hohen Arbeitsaufwand beim Konservieren in der eigenen Küche. Allerdings ist der geschmackliche Unterschied riesengroß.

Als wir jung waren, saßen wir halbe Nächte lang beim Bohnenschnippeln oder schlugen uns mit Gurkeneinlegen und dem Kochen von Marmelade oder Mus die Stunden nach der regulären Arbeitszeit um die Ohren. Während der Einkochsaison waren die Nächte meistenteils sehr kurz. Davon können die heute 60- oder 70jährigen noch ein Lied singen. Jetzt gehen die jungen Leute anderen Freizeitbeschäftigungen nach, aber um den Preis des Verzichtes auf „Selbstgemachtes", das köstlich schmeckt. Ich machte einmal die Probe auf's Exempel und kaufte in einer Konfiserie ein Glas Aprikosenmarmelade. Teuer war sie, und sie unterschied sich in Farbe, Geruch und vor allem im Geschmack wesentlich von der Selbstgemachten. Es ist ein Unterschied wie Tag und Nacht, probieren Sie es selbst aus!

Wir haben noch gelernt, daß nur frisch geerntete, einwandfreie und gut ausgereifte Früchte in den Marmeladentopf gehören. Das ist in einer Marmeladenfabrik nicht üblich und auch gar nicht möglich. Diesen Unterschied sollten die jungen Frauen einmal kennen lernen! Viele von ihnen sind arbeitslos und verfügen über ausreichend Freizeit. Unsere Mütter hatten die Konservierungsarbeiten sämtlichst nach dem offiziellen Feierabend zu erledigen. Kein Wunder, daß ihre Rücken kaputt sind und ihnen die Gartenarbeit immer schwerer fällt.

Meine Schwester Roswitha mit einem Kalb um 1956 in Molschleben.
Sammlung: Rosa Stecher

Urgroßvater geworden, wieder mal! Mein Großvater Karl Stecher in Molschleben.
Sammlung: Rosa Stecher

Nur ganz wenige junge Frauen wirtschaften in ihren superchicen, supermodernen und superteuren Küchen, wie es zuvor ihre Mütter und Großmütter taten. Unser altes Brauchtum geht verloren, wenn es nicht von der nachfolgenden Generation gepflegt und erhalten wird. Man muss es ja nicht im selben Umfang betreiben, wie es früher üblich und auch nötig war. Über Konservierungsmethoden sollten die jungen Frauen aber schon Bescheid wissen und es öfter mit den Kindern praktizieren, z. B. schmeckt doch eine selbst eingelegte saure Gurke viel besser als eine aus dem Supermarkt. Voraussetzung ist natürlich immer ein gutes Gelingen, und das bringt erst die Übung mit sich.

Und welche Hausfrau freut sich nicht über ein Lob, ihre Kochkünste betreffend? Dieses Lob sei ihr vergönnt!

Komm ich in meine Wirtschaftsküche,
empfangen mich die Wohlgerüche.
Dort, wo ich täglich rumhantiere,
einkoche, safte, tiefgefriere.
Im Sommer sind es Obst und Beeren,
die uns'ren Wintervorrat mehren.
Dann folgen bald darauf die Bohnen,
die auch das Konservieren lohnen.
Die Petersilie wieg' ich fein,
gefrier' sie für den Winter ein.
Gut eignet sich der frische Dill.
Da kann man sagen, was man will:
ein kleines Gärtchen, nah am Haus,
das macht die ganze Freude aus.
Die alte Konserviermethode
kommt leider langsam aus der Mode.
Die Marmelade, selbst gemacht,
ist „lecker", wie man heute sagt.
Stets ist das Mus von reifen Pflaumen
sehr köstlich für verwöhnte Gaumen.
Sind dann die Gurken gut gelungen,
wird gern ein Loblied drauf gesungen.
Vielleicht finden auch junge Leute
am Konservieren Lust und Freude?
Halt, Mutters alte Rezepturen
eignen sich nicht für Abnehmkuren!
Doch ein recht zufried'ner Magen,
der kann schon manchen Knuff vertragen!

Jungbäuerin Rosa Burgdorf auf dem Bauernhof von Alwin Burgdorf 1957.

Danke für unser täglich Brot!

Schon im Alten Testament ist die Rede von 7 fetten und 7 mageren Jahren. Seit die Menschen Ackerbau betreiben, gab es gute und weniger gute Ernten. Seit jeher muß sich der Landmann damit auseinandersetzen, durch kalkulierte Planung eine eventuelle Missernte auszugleichen lernen. Das heißt Rücklagen bilden in den sogenannten „fetten Jahren", denen mit den überdurchschnittlich guten Ernteerträgen.

Sorge dafür tragen, dass die Jahre mit niedrigen Zahlen auch einigermaßen gut überwunden werden.

Der Unterschied zur früheren Zeit besteht darin, dass wir heute nicht gleich mit einer Hungersnot rechnen und um unser Überleben bangen müssen, wenn die Ernte einmal nicht so ausfällt, wie es geplant und vorausgesehen war.

Aber Tatsache ist, wir haben uns allmählich an die immer höher steigenden Ernteerträge gewöhnt. Tritt eine Trockenperiode von extremem Ausmaß ein, oder vernichten Unwetter einen Großteil des Erntegutes, sind die Bauern schockiert und Horrormeldungen füllen schnell die Seiten der Tageszeitungen.

In den meisten vergangenen Jahren lagen die Hektarerträge sehr gut. Aber so richtig zufrieden war damit niemand, der Mutter Erde wurde immer noch mehr abverlangt. Doch irgendwann ist die Grenze erreicht, und das Maß ist voll!

Schon in der Schule lernten wir, daß Monokulturen auf die Dauer zu großen Ausfällen und Schäden in Forst- und Feldwirtschaft führen können,

Kurze Rast im Sroh – LPG Frauen 1961. Von links nach rechts: Ida Stecher, Ida Kühr, Ursula Groß, Mete Burgdorf und Elli Roth. Sammlung: Rosa Stecher

Bäuerin Hildegard Fischer mit meinem Bruder Hans um 1936 in Molschleben. Sammlung: Rosa Stecher

abgesehen von Klimaeinwirkungen oder Unwettern. Die Fruchtfolge ist schon lange nicht mehr gewährleistet. (In der Flur sehen wir jetzt noch: Mais-, Weizen-, Raps- und gegebenenfalls einzelne Kartoffel- oder Gersten-felder.) Welche Vielfalt umfaßte früher die Ackerfläche! Der jetzige Mono-betrieb vertreibt auch einige Wildarten. Immer mehr Kunstdünger sowie chemische Spritzmittel gegen Unkraut und Krankheiten verderben die Bodenqualität.

Wie lange sahen die Äcker schon keinen Stalldung mehr? Die Humus-schicht ist irgendwann aufgebraucht und wird nicht mehr erneuert.

So ist es keinesfalls selbstverständlich, dass wir in jedem Jahr über eine reiche Ernte verfügen können. Wir alle müssen den hochgelobten und wich-tigen Fortschritt teuer bezahlen, d. h. unsere Natur muss dafür herhalten.

Die in letzter Zeit aufgetretenen Unwetter und Katastrophen in aller Welt sprechen eine allzu deutliche Sprache.

Jegliches Nachdenken und Verändern fängt im ganz Kleinen an. Wir alle sollten uns deshalb überlegen, was ein jeder von uns tun kann, um in Zukunft umweltbewusster mit unserer Natur umzugehen.

Eine schlechte Ernte ist zu verkraften, wollen wir hoffen, dass es im nächsten Jahr in geregelteren Bahnen laufen mag!

Wir wollen dem Schöpfer oder Natur danken, für alles, was gewachsen ist und zur Reife kam. Wir danken für unser täglich Brot, das uns ernährt!

Auch allen Bauern und Helfern, die täglich dafür sorgen, daß unser Tisch gedeckt ist, sei gedankt!

Mutter, Schwester Roswitha und Nachbarin im Hof von Arno Ste-cher in Molschleben um 1955. Sammlung: Hannalore Gewalt

181

Die Saat, die wir säten:

Sehr üppig war die Ernte nicht.
Nur wenig Korn wurd' eingefahren.
Der Mensch legte zu viel Gewicht
auf den Ertrag in all' den Jahren.
Wir sollten mehr zufrieden sein,
mit dem, was die Natur uns ließ.
Die Ernte war oft karg und klein;
wir leben nicht im Paradies.
Der Mensch braucht die Zufriedenheit.
Wir sollten uns darauf besinnen!
Lasst nutzen noch die kurze Zeit,
die Umwelt für uns zu gewinnen!

Der Bauer sät fürs neue Jahr.
Auf daß das Samenkorn sich mehre!
Es war nicht falsch, was früher war.
Ein Rückschlag ist gleichzeitig Lehre!
Sind Missernten auch hausgemacht?
Gebt Raubbau keine Chance mehr!
Denn wird nicht baldigst umgedacht,
bleiben die Vorratskammern leer!

*Altes Bauernhaus der Familie Guido Gewalt, Lindenstraße Kleinfahner, Ehepaar
Albin und Elli Gewalt / Guido und Hedwig Gewalt und Sohn Roland.
Sammlung: Hannalore Gewalt*

182

Arthur Gräßer mit Zukünftiger 1934/35 zur Walschleber Kirmes anstoßend. V.l.n.r.
Hertha Brabant, Willi Löbner, Irmgard Barthel, Else Vasel, unbekannt, Emmi Löbner
und Arthur Gräßer. Foto von Hilmar Löbner, Sammlung: Dieter Gräßer

Sonntagstour ca. 1932 in Walschleben. Sammlung: Liesbeth Bäcker

An der Rehkrippe am Loh in Kleinfahner – Roland Gewalt und Töchter.
Sammlung: Hannalore Gewalt

Roland Gewalt und Töchter Ines und Carolin auf der Lärchenbank in Kleinfahner.
Sammlung: Hannalore Gewalt

Des Schöpfers Meisterstück

Der nervtötende Schmerz in meinem Rücken nahm wieder einmal solche Ausmaße an, dass ich in meiner Verzweiflung nicht mehr ein noch aus wußte. An manchen Tagen schien offensichtlich auch das Morphium nicht zu wirken, um mich wenigstens so bewegen zu können, dass es ein einigermaßen erträgliches Maß hatte. Aus Therapiegesprächen war mir für derartige Zustände eine Ablenkung noch sehr lebendig im Ohr.

Ich schloß das Gartentor hinter mir und ging im taufrischen Gras dem nahen Wald zu. Heute wollte ich keinem Menschen begegnen. Es gibt solche Tage, an denen man möglichst alles mit sich allein abmachen möchte. Mein Weg führte mich an blühenden Obstbäumen vorbei. Millionen von Insekten waren bei ihrer Bestäubungsarbeit und ließen sich durch mich nicht stören. Ihr Summen empfand ich sehr angenehm und beruhigend. Als hätte die Natur den Obstbäumen einen Brautschleier übergeworfen. Einladend warben diese zarten Schönheiten zur näheren Betrachtung. Ein süßer Duft stieg mir in die Nase. Ja, das ist der Frühling, wie wir ihn alle seit unserer Kindheit in der Erinnerung tragen. Auch der trällernde Singflug der Feldlerchen ließ mich aufhorchen. Im schraubenähnlichen Emporsteigen entfernten sich die Sangeskünstler immer höher in die Lüfte. In meiner Kindheit ließ mich der Lerchengesang die Feldarbeit etwas leichter werden. Schon seit eh und je zogen mich diese Frühlingsboten in ihren Bann. Sie schienen mir stets lustig und guter Dinge zu sein.

Je näher ich dem Wald kam, umso intensiver vernahm ich die vielen, verschiedenartigen Vogelstimmen. Diese Vielfalt ist irgendwie doch zu einem einzigartigen Konzert vereint, dass seinesgleichen sucht. Gleich hinter dem Waldsaum empfing mich ein Teppich aus Frühlingsanemonen. Als hätte ihn die Natur extra für mich ausgebreitet, so anmutig und bezaubernd war der Anblick. Ich überlegte, ob ich jemals etwas Schöneres gesehen hatte? Das Alter brachte wohl mit sich, die Schönheiten der Natur intensiver zu verinnerlichen. Und in jedem Frühling ist die Freude, dieses Erwachen noch einmal erleben zu dürfen, riesig. Ich bin mir dessen bewußt, dass es nicht mehr viele Frühlinge geben wird, um die herrlichen, reinen überschwänglichen Launen der Natur aus vollem Herzen zu genießen.

Ich bewundere große Maler, Komponisten und Dichter, welche ihre Gefühle durch ihre Kunst zum Ausdruck bringen können. Sie vermögen es, vor dem geistigen Auge des Betrachters, Lesers oder Hörers ein Bild entstehen zu lassen, als wäre man selbst ein Teil darin.

Mein Wortschatz reicht nicht aus, um diesen tiefen Eindruck dieses Naturschauspiels wiedergeben zu können. Ich sehe es als eine große Gnade, in jedem Jahr erneut dieses Erwachen der Natur erleben zu dürfen.

Schuleinführung von Tochter Carolin Gewalt 1970 bei der Bienstädter Warte auf der Viehweide. Sammlung: Hannalore Gewalt

Hannalore Gewalt als junges Mädchen am Gondelteich bei Friedrichroda um 1960. Sammlung: Hannalore Gewalt

Ich präge mir diese Bilder ganz tief ein, damit ich sie später, in schweren Stunden wieder aus meiner Erinnerung hervorkramen kann, um mich erneut daran zu erfreuen.

Ich war so tief in dem Erleben versunken, dass ich tatsächlich meine Schmerzen für eine Weile vergessen oder verdrängt habe.

Der Spaziergang tat mir unendlich gut, so gut, dass ich einige Tage davon zehren kann. Wieder einmal konnte ich erleben, dass die Freude in der Lage ist, uns über schwere Stunden zu helfen. Es ist wissenschaftlich erwiesen, daß beim Lachen oder großer Freude im menschlichen Gehirn Endorphine ausgeschüttet werden. Diese Stoffe sind unter anderem auch für Schmerzwahrnehmungen zuständig und sie sind in der Lage, den Schmerz für kurze Zeit zu unterdrücken. Darum ist es besonders für uns ältere Menschen wichtig, uns täglich mit Dingen zu beschäftigen, die unser Leben bereichern und positiv auf unsere Seele wirken.

Meinen Schmerz hab' ich verloren

Dieses Blühen, dieses Werden!
Weinen möchte ich vor Glück;
seht' das Paradies auf Erden,
seht' des Schöpfers Meisterstück!
Dicht gewebt aus Anemonen
liegt der Teppich, weiß und schlicht.
Über neu begrünten Kronen;
eingewobnes Sonnenlicht.
Hohe Zeit zum Jubilieren!
Zeit für einen Lobgesang!
Hört die Vögel musizieren!
Welche Reinheit, welcher Klang!
Meinen Schmerz hab' ich verloren,
meine Sorgen wirken klein;
fühle mich wie neugeboren,
will von Herzen dankbar sein!

Idyllisches Mohnfeld der Familie Guido Gewalt in Kleinfahner. Regina Gewalt und Bruder Roland 1942 auf dem Krautland. Sammlung: Hannalore Gewalt

Anläßlich unserer Schulentlassung 1953 in Molschleben. Meine Schulkammeradin-nen: Gesila Kellner, Christa Werner, Bärbel Fiedler, Hannalore Stecher, Gisela Ihling, Regina Hildebrandt. Sammlung: Hannalore Gewalt

Roland Gewalt mit seiner Zündapp und seinem Freund Rolf Meister – Pferderennen auf dem Boxberg um 1955. Sammlung: Hannalore Gewalt

Hochzeit von Roland und Hannalore Gewalt 1960 in Molschleben.
Sammlung: Hannalore Gewalt

Mutterglück mit Erstgeborener Ines Gewalt vor der Haustüre in Kleinfahner.
Sammlung: Hannalore Gewalt

Tochter Ines Gewalt 1967 zum Schulanfang vor der Haustüre des alten Bauernhauses in Kleinfahner. Sammlung: Hannalore Gewalt

Hannalore Gewalt mit Töchtern Ines und Carolin im Gärtnerholz in Kleinfahner. Sammlung: Hannalore Gewalt

Schlußverkauf

Waren in Hülle und Fülle, die Lager quellen über, Regale drohen zu bersten unter der Last, die auf ihnen liegt.

Es ist eine Situation, die sich nach dem Kriege viele Menschen gewünscht hätten. Stattdessen mußte manch ein Kind dem Unterricht fern bleiben, weil es keine Schuhe hatte.

Welches Kind oder welcher Jugendliche kann sich bei dem heutigen Überangebot an Waren in solch eine Lage hineinversetzen? Ich werde beim Anblick eines Wühltisches an die Nöte der Kriegs- und Nachkriegszeit erinnert. Ich erinnere mich auch daran, daß es nicht wenige Jungen gab, die gar keine lange Hose für die kalte Jahreszeit besaßen. Lange Strümpfe mußten als Ersatz herhalten. Am oberen Ende des Strumpfes war entweder seitlich ein Knopf angenäht, und ein eingehakter Strumpfhalter zerrte das Strumpfende einseitig nach oben, oder ein Gummiring diente als Halterung. Entweder saß der enge Gummiring so straff, das eine blaue Druckrille das Blut fast erstarren ließ, oder der Gummi war dermaßen ausgeleiert, daß der Strumpf ständig herunterrutschte. In beiden Fällen zeigte sich ein Stück unbedeckter Oberschenkel, der von der Kälte bläulich gefärbt, und dessen Haut manchmal sogar aufgeplatzt war.

Ich besaß eine lange Hose, Mutter hatte sie aus einer derben, kratzenden Wolldecke schneidern lassen. Ich mußte oft breitbeinig gehen, weil der Rand zwischen Strumpfende und Unterhosenansatz aufgerieben und total entzündet war. Vergessen kann man solche Kindheitserinnerungen sicher nicht, aber trotz aller Unbilden tobten alle Kinder gleichermaßen auf Schnee und Eis. Eine kratzende oder gar fehlende Hose war für uns kein Grund, in der Stube hocken zu bleiben. Wenn ich an das Leiden mit den Frostbeulen denke und sehe, wie achtlos manche Kinder mit ihrem teuren Schuhwerk umgehen, dann hoffe ich, daß die Einsicht irgendwann eintritt und sie solche Zeiten nie wieder erleben müssen.

Bei Diskussionen über Markenklamotten denke ich an die kratzenden Strümpfe, die uns Kindern über Jahre hinweg das Leben schwer machten.

Wie viel Überwindung und Tränen hat es gekostet, in diese harten, borstigen Ungestüme zu schlüpfen? Wie überglücklich machte uns damals ein kleiner erfüllter Wunsch? Etwa der auf ein neues Kleid, an welchem ein angesetzter Ärmel, verlängerter Rockschoß und ausgelassener Saum reine Wunder bewirken konnten, und Kinderaugen zum Strahlen brachten.

Bei dem Überangebot auf allen Gebieten, außer auf dem Arbeitsmarkt, ist den Kindern und der Jugend von heute schwer erklärbar, was Zufriedenheit und Wertmaßstäbe wie Dankbarkeit und Wertschätzung bedeuten. Wir sind noch in den abgetragenen Kleidungsstücken unserer älteren Geschwister

192

Inspektorhaus vom Anwesen der Familie von Seebach aus Kleinfahner (heute abgerissen). Sammlung: Hannalore Gewalt

Alte Bauernhäuser aus der Lindenstraße in Kleinfahner. Karl Schwanengel, Otto Degenhardt, Hugo Sundhausen, Guido Gewalt. Links: altes Leiterhäuschen der Feuerwehr. Sammlung: Hannalore Gewalt

groß geworden, wir hatten auch Sehnsüchte und Wünsche, die sich zumeist nicht erfüllten, aber wir haben gelernt, uns zu freuen, dankbar zu sein, zufrieden und bescheiden zu leben, zu teilen und einander zu helfen. Wenn es um das Thema Rechtsradikalismus geht, dann sollten die Großeltern den Enkeln von dieser entbehrungsreichen Kriegs- und Nachkriegszeit erzählen, in der die Beschaffung von Kleidung noch das kleinste Übel war. Wir können ihnen an diesen kleinen Beispielen am deutlichsten machen, was Krieg bedeutet.

Alter Lindenstein vom Lindenplatz in Kleinfahner – Stein wurde bei der Gerichtsbarkeit der Seebach'schen Gutsfamilie benutzt. Ist heute unauffindbar.
Sammlung: Hannalore Gewalt

Alter schützt vor Torheit nicht!

Nicht nur bei materiellem Eigentum sollten wir Menschen zwischen Mein und Dein unterscheiden lernen. Auch das geistige Eigentum verlangt seinen Respekt. Normalerweise gebietet der moralische Anstand, einen Unterschied zwischen den eigenen und den Gedanken anderer zu machen. Aber auch das Gesetz schützt das geschriebene Wort, es ist Eigentum der Autoren bzw. des Verlages. Buchtitel sind eingetragen und ebenfalls gesetzlich geschützt. So ohne weiteres kann niemand denselben Titel verwenden, Zuwiderhandlungen können gerichtlich geahndet werden.

Verwendet man Zitate, Sätze oder auch ganze Artikel aus fremden Veröffentlichungen, muß im Quellenverzeichnis der Urheber deklariert sein. Jedes zitierte oder geschriebene Wort kann in eigenen Arbeiten verwandt werden, wenn der Unterschied zwischen eigenem und fremden (Nachgelesenem) gekennzeichnet wird.

Mit entsprechender Betroffenheit reagierte ich, als ich beim Durchsehen einer Broschüre, in welcher die ausgezeichneten Arbeiten eines Literaturwettbewerbes zusammengefaßt waren, feststellte, daß der Textbeitrag eines Teilnehmers wortwörtlich – bis auf ganz geringfügige Änderungen – einem meiner Aufsätze glich. Es handelte sich um die Geschichte „Das Seifekochen", die ich in meinem 1996 im Verlagshaus Thüringen erschienenen Buch, sowie in verschiedenen Tageszeitungen veröffentlichte.

Ich musste davon ausgehen, dass dieser ältere Herr meine Geschichte gelesen, abgeschrieben und danach als seine eigene Idee bei der Wettbewerbsjury einreichte. Die Juroren befanden diesen Aufsatz für gut und zeichneten den Einsender aus. Dabei konnte bei den Juroren nicht vorausgesetzt werden, dass sie den Beitrag als Plagiat erkannten. Ärger stand ins Haus, nicht bloß ich als geistiger Eigentümer der Geschichte, auch die Initiatoren des Literaturwettbewerbes waren genasführt worden.

Wem jemals Eigentum in irgendeiner Form entwendet wurde, der kann sicher meinen Unmut über diesen Vorgang nachempfinden!

Mit einem läppischen: „No, do entschulchen se nur vielmolls..." ist es nicht abgetan.

Besonders den Kindern sollten Urheberrechte erklärt werden, damit sie schon zeitig lernen, mit fremdem Eigentum richtig umzugehen.

Wird über historische Dinge geschrieben, wird es besonders delikat, weil die vorhandenen Urschriften kaum einen eigenen Gedanken zulassen. Ganz penibel hat dann der neue Verfasser sämtliche alten Niederschriften und Aussagen anzugeben.

Nicht umsonst wird auch schon das Abschreiben in der Grundschule verworfen und bestraft, weil auch das schon eine Aneignung fremder Ergebnisse ist. Die eigene schlechte Idee ist allemal besser, als die nachgeplapperte oder gar abgeschriebene.

Aber wie meine Erfahrungen zeigen, schützt auch das Alter vor Torheit nicht. Diese Blamage kann sich jeder ersparen, denn solch unredliches Vorgehen bleibt nicht ohne Folgen.

Die Aussprüche: „Es ist nicht auf seinem Mist gewachsen.", „Er schmückt sich mit fremden Federn", „mehr Schein als sein" kann man damit in Zusammenhang bringen.

Das Geschäft mit Weihnachten

Ein sonnig warmer Oktobertag. Mein Mann und ich sind auf dem Wege zu einem großen Einkaufscenter. Während ich durch die diversen Gänge mit überfüllten Warenträgern eile, um nach einem bestimmten Gewürz zu suchen, stehe ich plötzlich vor einem aufgetürmten Berg von Weihnachtsstollen und Lebkuchen. Das hätte ich nun doch nicht erwartet. Wie gesagt, es war Anfang Oktober. Ich kam mit meinem Einkaufswagen nicht weiter, denn zwei ältere Herren versperrten mir den Weg. Die Herren hatten sich auf ihren Wagen gestützt, und aus ihrem Gesichtsausdruck ließen sich schon die Gedanken wie in einem aufgeklappten Buch ohne weiteres ablesen. Schon nach den ersten Worten der beiden Kunden war ich am Fortgang des Gesprächs interessiert, und ich machte mich proforma am Regal zu schaffen. „Na, Hugo nun scheint ja bald wieder Weihnachten zu sein." So begann einer der beiden die Unterhaltung. Der angesprochene Hugo antwortete erst nach einer Weile: „Weihnachten? Wo gibt es denn heute noch Weihnachten? Haben wir nicht jeden Tag mehr als Weihnachten?" „Recht hast du Hugo", so klinkte sich der Bekannte wieder ein. „Zu unserer Zeit hatte man noch so viel Achtung vor den Gefühlen der Menschen, dass man Weihnachtszeug bis nach dem Totensonntag im Lager ließ." „Ja ja, das liebe Geld, es ist leider so gekommen, dass sich fast alles nur noch darum dreht. So hätten wir es uns auch einmal nicht gedacht." „Weißt du noch Hugo, wie wir uns zu Weihnachten auf Enten- oder Gänsebraten freuten? Heute kullern die Gummidinger für 10,00 DM in allen Truhen rum. Zeiten sind das geworden! Aber ich muss gehen, sonst zerläuft mein Eis im Auto, bei dem Wetter heute. Dann schon mal fröhliche Weihnachten und vergiss nicht, deiner Käthe einen Stollen mitzunehmen!" Und der Bekannte tippte sich wie zum Gruß an die Stirn und schob seinen Wagen langsam weiter. „Um Gottes Willen", rief Hugo hinter dem Stollenberg hervor, „Käthe soll mich wohl mitsamt dem Stollen hinausschmeißen!" Während ich die beiden älteren Herren aus den Augen verlor, sinnierte ich noch lange über das Gehörte. Ja, sie hatten mir eigentlich aus der Seele gesprochen. Wenn ein jeder bloß noch ans Geld denkt und möglichst vor allen anderen den größten Reibach machen will, dann werden eben alle moralischen Grundsätze, die sich lange bewährten, über den Haufen geworfen. Ist denn der übermäßige Konsum wirklich die Hauptsache für ein zufriedenes Weihnachtsfest? Oder sollte es nicht eher ein stilles, bescheidenes Fest sein? Der Ursprung der Weihnachtsgeschichte war ein Stall, nicht ein Schloss. Zur inneren Zufriedenheit reicht es schon aus, daß sich der Mensch einigermaßen gesund fühlt, dass er zu Essen und zu Trinken hat und eine warme

Stube dazu. Das haben wir Älteren alle erlebt. Wahr ist auch, dass wir so genannte Kriegskinder viel nachzuholen hätten, was den Genuss betrifft.

Aber dazu braucht das Weihnachtsgeschäft nicht schon im Herbst zu beginnen. In den Nachrichten höre ich, dass sich die Kirche über Öffnung der Weihnachtsmärkte vor dem Totensonntag beklagt. Es kann doch nicht angehen, dass der Kommerz vor den persönlichen Gefühlen der Menschen rangiert.

Wir schauen einfach so zu, wie allmählich unsere Sitten verrohen, und fast alles wird heute mit dem Erhalt von Arbeitsplätzen entschuldigt. Ich erinnere mich auf jeden Fall auch gern an die armseligen Weihnachten von damals. Es gab noch erfüllbare Wünsche und Träume. Die Freude war innig und echt, die Dankbarkeit sowieso.

Zum Glück gibt es trotz allen Konsumdenkens noch genügend Menschen, die das Weihnachtsfest nach altbewährter Tradition feiern und innerlich genießen. Dazu gehört auch, sich der Sorgen und Nöte der Menschen anzunehmen, die im Leben nicht auf der Sonnenseite Platz fanden. Und ich denke, wir machen uns selbst das größte Geschenk, wenn wir den Beladenen beistehen und den Dank in ihren Augen erkennen.

Ich wünsche Ihnen allen ein gesegnetes Weihnachtsfest!

Familie Alfred Schönemann aus Molschleben mit Enkeltochter und Weihnachtsüberraschung unterm Christbaum. Sammlung: Rosa Stecher

Meine Adventgeschichte

Aus dem Grundgedanken des Helfenwollens herausgeboren, ist wohl die Idee, in der vorweihnachtlichen Zeit einen Adventbasar zu errichten und einen Teil des Erlöses auf ein Spendenkonto für in Not geratene Menschen zu überweisen. Konkret ging es dabei um die Aktion „Hungerwinter Russland".

Die riesige Scheune der Familie von Mohl erbot sich als der geeignete Ort für dieses Vorhaben. In ihr war genügend Raum, um Schränke, Verkaufstische und Regale für die ausgesuchten Spezereien und großmütterlichen Heiligtümer aufstellen zu können. Die Stände wurden von Freunden der Gastgeberfamilie betreut.

Auch befand sich in nämlicher Scheune eine beheizbare Nische, in welcher die Gäste gemütlich bei einem Glas Punsch, einer Tasse Tee oder Kaffee sitzen, vom Alltag entspannen und die vorweihnachtliche Atmosphäre genießen konnten.

Auf die Hausherrin entfiel der Hauptteil der Vorbereitungen. Mit viel Liebe und Geschmack funktionierte sie die Scheunentennen zu gemütlich anheimelnden Räumlichkeiten um.

Alle entbehrlichen grünen Zweige unseres Gartens fanden sich als liebevoll gestaltetes Gebinde in der Adventsscheune wieder. Sehr zur Freude aller Besucher, die sichtlich erstaunt den festlichen Zauber genossen, welcher von dieser einfachen Scheune ausging.

Die Verkaufstische und Regale waren schnell gefüllt. Nicht nur kostbarer alter Schmuck, Porzellan aus Großmutters Vitrine, auch Weihnachtsgebäck, nach alten Rezepten, Springerle mit christlichen Motiven, selbstgekochte Marmelade, Quittengelee, Quittenbrot, Gebasteltes und Gebundenes bildeten das Angebot.

Jeder Beteiligte gab sich Mühe, sein Bestes zum Gelingen beizutragen. Sogar die Kinder hatten einen eigenen Stand, um welchen sich die kleinen Gäste drängten. Dort gab es im Spiel selbstgefertigte Lesezeichen und handgeknüpfte Armbänder zu gewinnen. Ein umfangreiches Kartensortiment bot eine Vertreterin des Kinderhilfswerkes UNICEF an. So war für jeden Geschmack und Geldbeutel etwas Passendes zu finden.

Schon im Sommer hatte ich genügend Erdbeeren eingeweckt, Dutzende Gläser mit Himbeermarmelade gefüllt. Nun standen die weihnachtlich verpackten Spezialitäten in einem uralten Regalschrank und warteten auf interessierte Kunden. Auch Wäschestücke aus Urgroßmutters Truhe lagen parat. Mit Goldbronze besprühte Blütenrispen und seidiges Schleifenband ließen das Weihnachtsgebäck noch köstlicher erscheinen.

Viele Gäste folgten der Einladung in die Adventscheune, sie alle suchten ein besonderes Geschenk zum Mitnehmen. Keiner von ihnen übersah die große Spendenbüchse am Eingang der Scheune.

Es dauerte gar nicht lange, und mein Verkaufsschrank musste neu aufgefüllt werden. Natürlich fühlte ich mich geehrt, dass meine selbstgemachten Dinge in aller Munde waren, im wahrsten Sinne des Wortes.

Einen großen finanziellen Gewinn brachte mir dieser Tag natürlich nicht, denn alle meine Köstlichkeiten waren mit sehr viel Arbeit verbunden.

Ich zehre noch heute von diesem wunderschönen Tag im Advent, der sich aber leider nicht wiederholte.

Am Abend wurde die Spendenbüchse geöffnet, und jeder Beteiligte gab seinen ganz persönlichen Obolus dazu. Auch ich wollte beitragen, die unsagbare Not in der Welt ein wenig zu lindern. Ich nahm ein paar Scheine von meinem Erlös und war innerlich zufrieden mit mir. Bei der Übergabe bemerkte ich, dass sich die Summe meiner vorgesehenen Spende durch die Verwechslung eines Geldscheines mehr als verdoppelt hatte. Im ersten Augenblick war ich wohl ein wenig erschrocken, aber noch im gleichen Moment beschämte mich der Vorfall innerlich zutiefst. Ich sah es als ein Zeichen für mich, zukünftig noch selbstloser zu handeln.

Noch lange dachte ich darüber nach, dass erst ein Zufall den Menschen dazu bringen muss, sein Herz noch ein Stück weiter zu öffnen. So wurde ich im Advent um einen Gewinn ärmer, aber dafür gleichzeitig um ein Vielfaches reicher. Ich wünschte mir, dass dieselbe Vorsehung unserer Spende leiten und den armen Menschen auch tatsächlich helfen möge!

Heiligt der Zweck die Mittel?

Rudis große Schwester sollte endlich unter die Haube gebracht werden, und wie in den meisten hoffnungslosen Fällen hatten die Eltern dabei eine ganz bestimmte „gute Partie" im Auge. Die „gute Partie" hieß Fridolin Brühe, und war in Rudis Augen ein rechter Lackaffe. Aber nach der Meinung des kleinen Rudi fragte niemand, als der Auserwählte zum sonntäglichen Mittagessen eingeladen wurde. Dem würde er die Tour schon noch vermasseln, das nahm sich der schlitzohrige Lausbub jedenfalls vor.

Für das erste Zusammentreffen mit dem angehenden Hochzeiter hatte die Mutter Schweinebraten mit Thüringer Klößen zubereitet. Um einen guten Eindruck beim Herrn Brühe zu machen, wurde auch das bessere Geschirr aus dem Schrank gezerrt. Anstelle einer Bratpfanne und einer Schöpfkelle,

Himmelfahrt auf der „Fixen Idee". Freunde auf Tour mit meinem Bruder Hans Stecher II.› Sammlung: Rosa Stecher

Himmelfahrtstour zur „Fixen Idee" – mein Bruder Hans mit Kumpanen.
Sammlung: Rosa Stecher

wie an gewöhnlichen Sonntagen, standen nun ein Bratenteller und eine Sauciere (Soßenterrine) auf dem festlich gedeckten Tisch.

Es ärgerte Rudi, dass um den Herrn Brühe so viel Ruß gemacht wurde. Der Gast stellte sich pünktlich zum Mittagessen ein, und sein Geziere und Getue ging dem Jungen von Anfang an auf die Nerven. Der Kleine beobachtete die Essmanieren des Freiers genau, sah, dass er seinen Kloß fast trocken hinunterwürgte. Das erinnerte ihn bildhaft an das Gänsefrecksen. Rudi griff den Soßennapf, hielt ihn ganz nah vor das Gesicht des angehenden Schwagers und fragte ihn überfreundlich: „Nehmen Sie noch Soße, Herr Brühe?" Der Gefragte verschluckte sich vor Schreck derart, dass die besorgte Schwiegermutter aufsprang und ihm auf den Rücken klopfte. Gleichzeitig fing Rudi eine Ohrfeige für sein vorlautes Mundwerk und weitere unmissverständliche Blicke von der Mutter ein. Auch der Vater entschuldigte sich für seinen Sohn und dessen derbe Späße. Herrn Brühe waren der Sinnvergleich und sein Verschlucker peinlich, und deshalb war er etwas unsicher geworden. Rudi bemerkte diese Unsicherheit und hakte gleich noch einmal nach. Er fragte die Mutter, warum sie eigentlich diesen Soßennapf genommen habe, wo sie doch genau wisse, dass er abends immer seinen entzündeten Fingernagel darin bade?

Die Frage verfehlte die Wirkung nicht. Herr Brühe sprang auf, hielt beide Hände vor den Mund und hatte Mühe, den Hof noch rechtzeitig zu erreichen. Die völlig entrüsteten Familienmitglieder schrien durcheinander, und was für Rudi die unabsehbaren Folgen waren, wusste keiner besser, als Rudi selbst.

Fortan wurde der ausgesuchte Hochzeiter nicht mehr gesehen. Der Plan des eifersüchtigen Lausbuben war aufgegangen. Für Rudi stand fest, dass es mit Herrn Brühes Liebe nicht so weit her sein konnte, wenn er sich wegen eines solchen kleinen Fingernagels ekelte und in die Flucht schlagen ließ.

Rausstaffiert 1943.
Sammlung: Hans Lehmann, Walschleben

Daheim ist daheim!

Wer stets im Dorf geblieben ist,
nicht über Feld gezogen,
der weiß gar nicht, was Heimweh heißt,
er kann nur ahnen davon.
Wer einmal ausgezogen ist,
gehört nicht mehr dazu,
davon kann ich euch ein Lied singen:
Wie weh das kann getu.
Ihr könnt es mir ruhig glauben,
wenn ich nachts davon träume,
halten mich keine 10 Pferde auf,
es gibt nichts anderes als heim!
Da gucke ich von weitem,
ob der Kirchturm noch auf
    der rechten Stelle steht,
frage nach, wer wieder gestorben ist,
wie es Denen und Jenen geht.
Die Kinder und die jungen Leute,
sie kenne ich alle nicht mehr,
bei manchem Alten freue ich mich,
wenn ich ihn wieder sehe.
Ich laufe runter zur Erle,
gucke rüber zur Nesse,
vergleiche wie's früher war
und was geblieben ist.
Betrachte mir eine jede Gasse
und eine alte Mauer,
auf der ich rumgehockert bin,
als ob es erst gestern gewesen wäre.
Ich gehe hinter Mühlen weg,
sehe das Wasserbett nicht mehr,
auch vermisse ich das große Mühlenrad,
das tut ein bischen weh.
Am Müllerstieg, am Seversrand
und drüben am Österborn,
sieht es ähnlich aus, wie es früher war,
bloß belebter ist es geworden.
Die Windmühlen an der Gierstädter
    Chaussee
hat auch kein Mensch gerettet,
heute wäre vielleicht mancher froh,
wenn das Dorf die alten Mühlen
    noch hätte.
Die schönen neuen Häuser,

Darhehm äs darhehm

Wahr steets e Dorräf gebläamn äs,
nech äwar Fald gezoohn,
dahr weß gohr nech, was Hehmwiäh heeßt,
kann nur geoahn darvon!
Wahr emmoll ussgezooh'n wuhr,
gehiart nech miäh dorzou.
Doh kennt' ech och e Läid geseng:
wie wieäh das kann gedou.
Ihar konnt's mech rouwech oh gekleeb,
wann ech dorvon nachts treehm,
doh hahl'n mech nech zaahn Faahre uff,
s gätt widd'r nischt wie hehm!
Doh guck ech, ob dr Kärrechdorräm
    uff dr aahle Stell' noch stett,
frah noch, wahr währ gestorrämn äs,
wie's Denn'n o Jenn' gett?
De Kenge o de jonge Lied,
die kenn' ech all' nech miäh.
Bieh maanch'n Aahl'n, doh
    fräi ech mech,
wann ech'n weddr'r siäh.
Ech loof nongar bieh de Ärräl,
guck' näwar bieh de Nass,
varglich wie's friahr wuhr
o was gebläamn äs.
Betracht' mech enne jiäde Gass,
on enne aahle Muhr,
uff dahr ech remgehockart benn,
wie wanns's ärscht gastarn wuhr.
Ech giäh oh hengar Mell'n weg,
siäh s Wassarbett nech miäh.
Oh s gruäße Mell'nroad äs fort,
das dett e beßch'n wiäh.
A Mell'rstieg, a Säarwarschraand
o dräamne e Eest'rborrän,
sett's aahnlech uss, wie's friahr wuhr,
bluäß belaabt'r äs geworr'n.
De Wäindmell'n a dr
    Gärschtschossee
hätt o keh Mensch gerätt.
Hit wiahr emmenge maanch'r fruäh,
wann's Dorräf die aahle Mell'n
    noch hätt!
Die schiäne näie Hissar

Dorfkirmes 1953 in Molschleben. Mein Bruder als Pritschenmeister.
Sammlung: Rosa Stecher

seh' ich mir gar nicht an,
ich suche die alte Schenkspfütze
  und die alte Kegelbahn.
Ich denke an die schwere Feldarbeit
und an die fleißigen Bauern;
das ganze bäuerliche Drum und Dran,
ging mit der Zeit verlor'n.
Ich denke an die vielen Handwerksleute,
die Werkstätten sind längst zu,
und um so manche schöne Zunft
kann es einem echt leid tun.
Es gab einen Büttner und drei Schmiede,
einen Sattler und einen Hirt,
einen Wagner und einen Zimmermann,
die Schreiner waren zu viert.
Ein Uhrmacher hat dafür gesorgt,
daß sich auch ein Fahrrad wieder dreht,
ein Kürschner hat Felle gegerbt,
und d'raus einen Muff genäht,
Müller, Schuster, Schneider, Bäcker,
es waren alles tüchtige Leute.
Sie haben ihr Handwerk gut verstanden –
es hatte eben alles seine Zeit!

Wenn sich auch viel verändert hat,
nicht bloß die Lindenbäume –
es bleibt doch ewig mein Heimatdorf,
und ich komme gerne heim!

guck ech mech gohr nech oan.
Ech soch de aahle Schenksfetz'n
o de aahle Kech'lboan.
Denk' a die schwiare Feldarweit
o a de fließ'che Buuarn,
das gaanze buursche Drem o Droan
get mät dr Ziet varluuarn.
Denk' a die veehle Haandwärrkslied,
de Wärrekscht'n sen laang zou.
Ems u maanche schiäne Zonnäft
kennt's en nur Liet gedou.
S guäb e Bättn'r o dräi Schmäed,
e Sattl'r on e Härt,
e Wäin'r on e Zemmermann,
de Schrien'r wuhr'n zap värt.
E Uhr mach'r hätt darveehr gesorrächt,
dass sech o s Foahrroäd wedd'r triät.
E Kärschn'r hät de Fall gegärrebt
o druss e Muff geniät.
Mellr, Schust'r, Schnied'r, Bäck',
s wuhr'n all' decht'che Lied,
o hann ähr Haandwärrek gout varstann.
S hätt aamn alläs sinne Ziet!

Wann sech oh veehl verännart hät,
nech bluäß de Leng'nbeem,
blibbt's iäwech doch miäh Heimatdorräf
o ech komm garrän hehm!

203

Wo sich die Füchse „Gute Nacht" sagen

vom Schicksal der kleinen sterbenden Thüringer Dörfer

Was ist aus dem Dorf geworden?
Es wirkt leblos vielerorten!
Keine Post, kein Kaufmannsladen –
wie vergessen und verraten!
Kein Pfarramt, kein's vom Bürgermeister –
ist das nicht alles Scheibenkleister?
Kein Schäfer, der die Herde führt,
kein Bäcker, der den Ofen schürt,
kein Frisör, kein Kindergarten –
sollte man das denn erwarten?
Kein Schmied, der auf den Amboss schlägt,
kein Schreiner hobelt mehr und sägt,
kein Sattler, der das Zaumzeug näht,
kein Sämann, der das Korn aussät,
kein Wagner, der den Wagen baut,
kein Nachbar, der dem andern traut,
kein Schuster und kein Schneider mehr,
Stall, Hof und Scheune stehen leer,
keine Tiere zu betreuen,
soll der Mensch sich darüber freuen?
Die Mühle hat längst zugemacht,
das hat die neue Zeit gebracht,
kein Tanzsaal, keine Schenke mehr,
selten gibt's 'ne Feuerwehr,
keine Schule für die Kinder,
und ein Hort fehlt auch nicht minder,
kaum einer geht mehr aus dem Haus,
sieht das moderne Dorf so aus?
Bürger drängen aus den Städten,
formen's Dorf, wie sie's gern hätten,
das Handwerk wird nicht mehr gebraucht,
was sich nicht rechnet, ist verraucht.
Ein Dorf mit regem Handwerksleben,
ein solches Dorf wird's nie mehr geben!
Es lebt bloß noch in manchen Köpfen,
zählt aber zu den alten Zöpfen.
Die Rauchschwalben und auch die Hasen
hab'n die „Idylle" längst verlassen!

Abschließend auf ein Wort!

Das ist der Daumen,
der schüttelt die Pflaumen...
Ringel, Ringel Reihe...
Es saßen zwei Täubchen wohl auf dem Dach...
Küchenreime und Kindersingsang –
was wird nicht alles wach in uns,
wenn wir ihnen nachsinnen und unseren
Erinnerungen Raum geben:
Die Eltern, das Haus, Freunde,
Wege und Träume, Tage und Jahre,
die ganze verlorengeglaubte Welt
der Kindheit entsteht neu.
Aus Vergangenem
und Gegenwart wird eins!
Ein Leben, in dem jedes seine Zeit und seinen Wert hat.
Geschichten aus jener Zeit,
gesammelt und aufgeschrieben
von Hannalore Gewalt,
wollen nicht nur unterhalten, sie möchten helfen,
jenen Wert ganz neu zu begreifen.
Die Autorin des vorliegenden Buches ist ein Mensch,
der von sich selbst sagt:
*„Ich zähle das Träumen, das Lachen und Singen bewusst
zu den lebensnotwendigen Dingen. Auch fiele das Alter mir
doppelt schwer, wenn da nicht die schöne Erinnerung wär'."*

Dorfkirmes 1953 in Molschleben. Mein Bruder mit seiner zukünftigen Frau als Kirmesbursche. Sammlung: Rosa Stecher

Biographisches

Am 04. Juni 1939 wurde ich als zweites Kind einer Landarbeiterfamilie in Molschleben bei Gotha geboren. Von 1945–1953 erfolgte der achtklassige Grundschulbesuch. Die sich anschließende Ausbildung in einer Haushaltungsschule beendete ich 1955.

Mein großer Wunsch war, Forstingenieur zu werden. Ich begann die 2-jährige Lehre des Forstfacharbeiters. Kurz vor Beendigung der Lehrzeit stellten sich, hauptsächlich bedingt durch die schwere manuelle Arbeit, massive gesundheitliche Schädigungen ein. Ich machte meinen Abschluss, aber es gab für mich keine Möglichkeit, weitere 3 Jahre Waldarbeit durchzustehen. Um an der Forstingenieurschule immatrikuliert zu werden, war diese praktische Erfahrung jedoch Voraussetzung. Ich arbeitete ein weiteres Jahr als Schreibkraft in einem Forstamt, hatte aber zwangsläufig meinen Berufswunsch aufgegeben.

Auf der Suche nach einem neuen Beruf schien mir der Lehrer interessant und meiner Konstitution angemessen. Das mir fehlende Abitur holte ich in einem Vorkursstudium nach. Schon während des anschließenden Direktstudiums für Mittelstufenlehrer Deutsch/Kunsterziehung hatte ich wegen häufiger Klinikaufenthalte und Operationen immens viel Unterrichtsstoff versäumt. Eine in meiner Kindheit schon einmal aufgetretene Tbc holte mich wieder ein. Diese heimtückische Krankheit und deren Auswirkungen führten zu einer völligen Resignation. Ich ließ mich auf eigenen Wunsch exmatrikulieren; zu einem Neubeginn fehlte mir die Kraft.

Um eine neue Möglichkeit des Geldverdienens ging es 1966, als ich bereits verheiratet und Mutter zweier Töchter war. In der örtlichen LPG legte ich 1974 die Prüfung als Facharbeiter für Obst- und Gartenbau ab. Doch die schwere körperliche Arbeit verschlechterte meinen labilen Gesundheitszustand. Viel leichter war die nachfolgende 13jährige Tätigkeit als Fachverkäuferin für Obst und Gemüse in einer großen Kaufhalle auch nicht; der Facharbeiterabschluss aber kam mir dabei zugute.

Weil in zunehmendem Maße die mangelnde Gesundheit mein Leben bestimmte, gab ich 1989 meine Arbeit ganz auf, um zu pausieren. Es kam die Wende. Damit fielen meine Chancen, als Schwerbeschädigte jemals wieder eine Beschäftigung zu bekommen, auf den Nullpunkt.

Nach dem Auslaufen der Arbeitslosenzeit wurde mir Rente wegen Erwerbsunfähigkeit gewährt. Seit 1993 bin ich im Ruhestand. Meine Freizeit nutze ich nun, meine Lebenseindrücke und Erinnerungen aufzuschreiben.

Meine lieben Leser!

Meinen Geburtsort Molschleben hat dieses traurige Schicksal der kleineren Thüringer Dörfer noch nicht eingeholt. Aber in meinem jetzigen Wohnort Kleinfahner sagt schon der Ortsname aus, dass es sich um ein kleines Dörfchen handelt. Zu klein und zu wenig Einwohner, als das sich ein reges Dorfleben lohnen könnte. Das heist, es lohnt kein Bäcker, kein Frisörladen, kein Lebensmittelgeschäft, und selbst eine Gaststätte ist unrentabel. So hat sich das gesamte Leben in einem solchen Ort geändert. Aber vor 50 oder 60 Jahren gab es auch hier ein pulsierendes Leben. Heute müssen wir uns umstellen, müssen mit den örtlichen Gegebenheiten zurecht kommen.

Keine Generation vor uns hat derart massive Veränderungen durchlebt. Ein Menschenleben reichte aus, um von der fast mittelalterlichen Lebens- und Arbeitsweise bis hinüber in das Computerzeitalter alle Höhen und Tiefen zu erfahren. In meinen beiden Büchern „Ländliches Thüringen" und „Feldraingeschichten" sind alle Einzelheiten nachzulesen.

Ich bedanke mich bei allen, die diese Bücher mit der Bereitstellung von Originalfotos sowie mit Rat und Tat unterstützt haben.

Ich wünsche meinen Lesern ein angenehmes, unterhaltsames und auch bereicherndes Lesevergnügen!

Kleinfahnern, im August 2010   *Hannalore Gewalt*

Hannalore Gewalt im September 2006
Foto: Harald Rockstuhl

Weitere Bücher von Hannalore Gewalt im Verlag Rockstuhl

Ländliches Thüringen
– Band 1 –

260 Seiten, 280 schwarz-weiß Fotos
und Zeichnungen, Festeinband
978-3-938997-58-1

Thüringen -
All meine Gedanken
– Band 3 –

240 Seiten, 69 schwarz-weiß Fotos und
Abbildungen sowie Zeichnungen von
Wieland Hartman, Festeinband
978-3-86777-143-6

Ein Spiel mit Worten und Vergleichen

48 Seiten, 10 Farbfotos,
Broschur
978-3-938997-51-2